図解 物流センターのしくみと実務

第2版

鈴木邦成 著

B&Tブックス
日刊工業新聞社

はじめに

企業活動における物流の重要性は、ますます高まる傾向にあります。そのなかでも物流センターの位置付けが、従来とは比べものにならないほど重要になってきています。たとえば、通販業界ではアマゾンドットコム、楽天市場、ＺＯＺＯＴＯＷＮ（スタートトゥディ）などのネット通販大手が巨大物流センターを建設し、物流関係者はもとより多くのビジネスマンも強い関心を抱きました。同様にスーパーマーケット業界でもイオン、イトーヨーカ堂なども大規模な物流センターを運営しています。

製造業が中国などの海外に生産拠点をシフトするなかで、小売業は国内の物流センターの充実に傾注しています。インターネット時代の副産物として販売の商圏が広がり、伝統的な小規模な倉庫ではなく、大規模で物流効率性の高い物流センターが必要になってきているのです。他方、製造業は海外シフトを進め、日本式の物流センターも海外で数多くみられるようになりました。

そこで本書では、ますます重要性の高まる物流センターのしくみについて、物流改善、ロジスティクス実務の視点をふまえ、わかりやすく説明していくことにします。

第1章「ロジスティクスの高度化は物流センターで決まる！」では、伝統的な小規模倉庫から現代的な物流センターへと企業が物流拠点の位置付けをシフトさせていく過程で、いかに物流センターの重要性が高まっていったかを解説します。あわせて本書の全体的な概論として、現代物流センターの基本的概念について説明します。第2章「現代物流センター業務の基本フロー」では、現代物流センターの機能とその一連のオペレーションの流れについて、詳しくわかりやすく解説します。入荷から出荷にいたるまでの物流センター業務の流れをていねいに解説していきます。第3章「物流センター業務の高度化」では、物流センター業務作業の効率化の視点から庫内で用いるマテハン（物流関連）機器の活用法について、物流センターの機能にいかに適応させていくかという視点をふまえて説明します。第4章「物流不動産の視点から見た物流センター」では、物流センターを不動産の立場から考える物流不動産の概要と物流センターのハード面（施設面）に関する知識をまとめています。第5章「物流センターのしくみ〈小売業編〉」では、近年、国内で増加傾向にある小売業向けの物流センターの特徴をふまえ、効率的に実務を行ううえでの基本知識をまとめて、わかりやすく解説します。第6章「物流センターのしくみ〈製造業編〉」では製造業向けの物流センターの特徴をふまえ、海外生産拠点とのリンクにおいて必要な実務などを解説しています。第7章「〈業界別〉物流センターの運営」では、物流センターの運営方針、物流戦略などを業界別に紹介しました。第8章「物流センターの〝ここを改善！〟」では物流センターを起点とした物流改善が、実際にどのように行われているのかを改善の事例を示しながら解説しました。

第9章「これからの物流センター」では、進化、高度化する物流センターのこれからのあり方について、現状をふまえながら展望しました。

通勤・通学の途中でも気軽に開けるように各項目は見開きでその内容を完結させ、視覚的に内容をフォローできるように図解としました。あわせて☆印をつけることで各項目の重要度も判断できるようにしました。なお、本書は２０１４年３月に発行され、好評を博した『図解 物流センターのしくみと実務』を大幅に加筆・修正した改訂版です。内容の多くを入れ替え、物流センターに関する最新の動きも網羅しました。

本書を読むことで、読者の皆さんの物流センターのしくみと実務についての理解がより一層深まり、ご自身のビジネスフィールドに活用できれば筆者の望外の喜びといえます。

２０１８年１月

鈴木邦成

レベルの見方

各項目には、レベルに応じて基本レベル、中度レベル、高度レベルの３段階に☆印をつけてあります。それぞれのレベルに応じた☆印から読むことで、必要な実務知識をすぐに理解できるようになっています。

LEVEL

☆☆☆ 基本

☆☆ 中度

☆ 高度

はじめに …… 1

第1章 ロジスティクスの高度化は物流センターで決まる! …… 11

01 注目を集める「物流センター」の存在 …… 12
02 サプライチェーンを束ねる物流センター …… 14
03 倉庫の基本知識を整理 …… 16
04 倉庫のミクロ的機能とマクロ的機能 …… 18
05 倉庫から物流センターへの進化 …… 20
06 ストックからスルー型物流センターへ …… 22
07 保管の4原則を理解 …… 24
08 倉庫業の登録の諸手続きを確認 …… 26
コラム 倉庫の歴史 …… 28

第2章 現代物流センター業務の基本フロー

現代物流センター業務の基本フロー……29
09 物流センター業務の流れを理解……30
10 WMSの基本機能の把握……32
11 効率化を推進する入荷・検品業務……34
12 入荷データを入念にチェック……36
13 出庫・出荷の流れを理解……38
14 ピッキングの良し悪しでセンターの評価が決まる……40
15 仕分けの基本を理解……42
16 流通加工の基本を理解……44
17 荷役効率化に必要な包装・梱包の適正化……46
18 保管・格納を可視化するロケーション管理の導入……48
19 棚卸管理の基本を理解……50
20 保管レイアウトを入念にチェック……52
21 物流センターの在庫管理の基本を理解……54
コラム 物流センターの日次計画……56

第3章 物流センター業務の高度化 …… 57
22 パレットの活用で物流センター業務を円滑化 …… 58
23 ラックの活用で庫内オペレーションの効率化を実現 …… 60
24 自動倉庫、コンベヤを上手に活用 …… 62
25 デジタルピッキングシステムの活用 …… 64
26 物流センターの庫内レイアウトの基本知識 …… 66
27 段ボールの活用 …… 68
28 フォークリフトの活用 …… 70
29 台車、かご車などの活用 …… 72
30 エレベータ、垂直搬送機の特性を理解 …… 74
31 物流センターの通路と動線 …… 76
32 トラックバースの構造を理解 …… 78
コラム 荷姿の工夫 …… 80

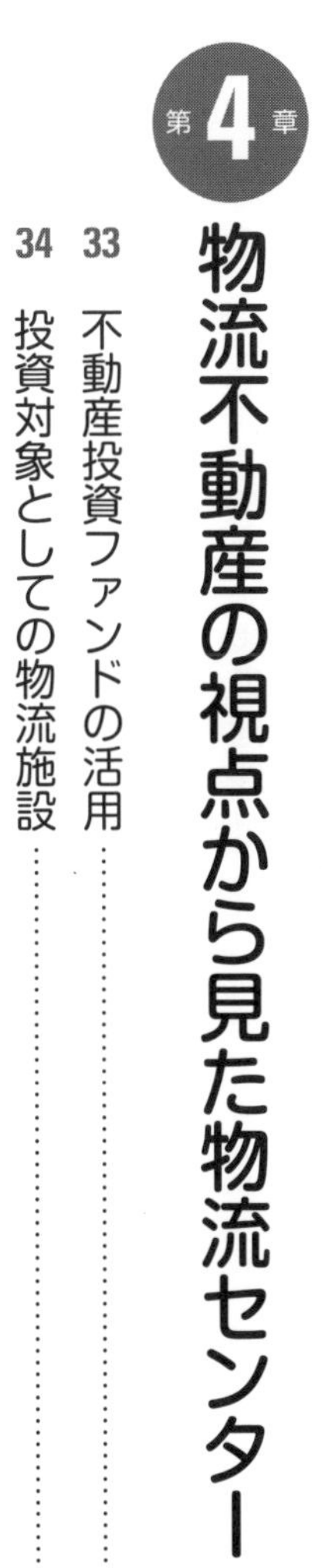
第4章 物流不動産の視点から見た物流センター …… 81
33 不動産投資ファンドの活用 …… 82
34 投資対象としての物流施設 …… 84

35 物流センターの階層……86
36 物流センターの立地条件と運営の工夫……88
37 物流センターの集約を推進……90
38 外観設計も重視される物流センター……92
39 入出場しやすい敷地レイアウト……94
40 メザニンの導入で保管効率を向上……96
41 増加する地球にやさしい物流センター……98
42 物流センターの火災リスクに対応……100
コラム 物流センターの労災管理……102

物流センターのしくみ〈小売業編〉

物流センターのしくみ〈小売業編〉……103
43 大型化する小売業の物流センター……104
44 小売業の物流センターの特徴を把握……106
45 トランスファーセンターのクロスドッキング……108
46 共同配送の推進でコスト削減……110
47 ドミナント方式でコンビニ物流の効率化を促進……112
48 物流センターにおける温度管理の徹底……114
49 先進的なフルフィルメント業務の展開……116

コラム 卸売業の物流センターとパレット管理 …… 118

第6章 物流センターのしくみ〈製造業編〉 …… 119

50 グローバル化する製造業の物流センター …… 120
51 海外物流センターからダイレクトに配送 …… 122
52 保税倉庫の特性を活用 …… 124
53 製造業のパーツセンターの活用 …… 126
54 複数の外部倉庫を大型センターへ集約 …… 128
55 卸売業の物流センターの特性を理解 …… 130
56 製造業、卸売業の物流戦略の変革 …… 132
コラム ピッキングリストの工夫 …… 134

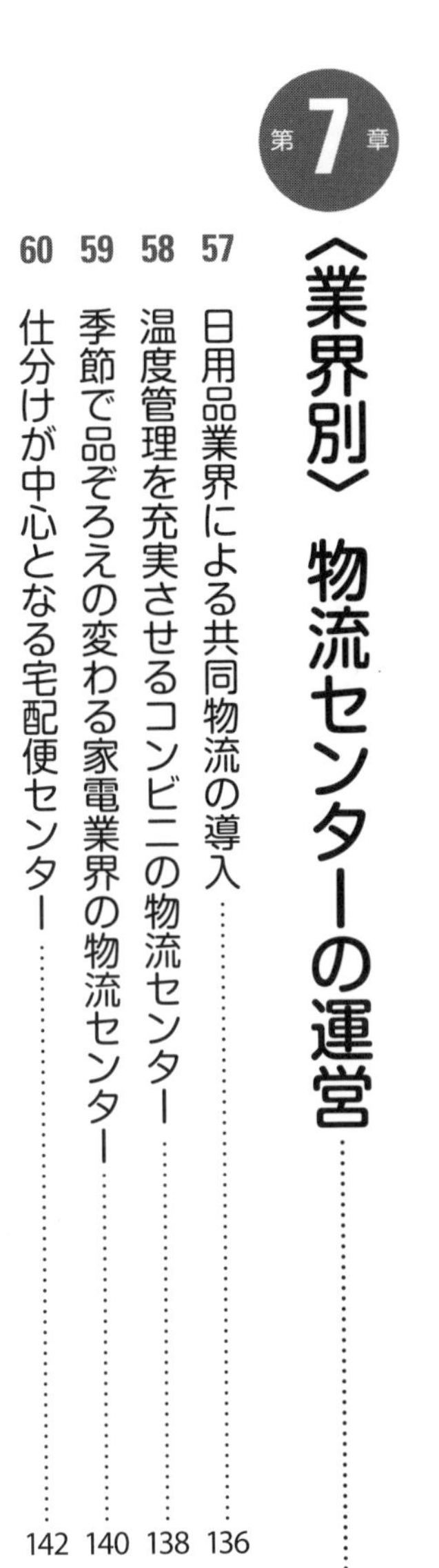

第7章 〈業界別〉物流センターの運営 …… 135

57 日用品業界による共同物流の導入 …… 136
58 温度管理を充実させるコンビニの物流センター …… 138
59 季節で品ぞろえの変わる家電業界の物流センター …… 140
60 仕分けが中心となる宅配便センター …… 142

61 多岐にわたる自動車パーツの物流センター……144
62 ハンガー単位で納品するアパレルの物流センター……146
63 欠品の許されない医薬品の物流センター……148
64 ネット通販の物流センターのしくみと特徴……150
コラム 積卸し作業の際の注意……152

物流センターの“ここを改善！”

……153

65 「7ない」の概念で物流センター業務を改善……154
66 「どこに何があるか」がわかる物流センター……156
67 物流センターの庫内動線の最適化……158
68 「5なぜ」の活用で物流センター業務を改善！……160
69 ＡＢＣ分析の導入で庫内環境を整備……162
70 物流センターの「見える化」を推進！……164
71 物流センターにおける人材管理……166
72 直送方式の導入による効率化……168
73 物流採算分析のモデル構築……170
74 庫内スペースの最適化を実現……172
75 ワンフロアのオペレーションを可能にする自走式施設……174

76 保管効率を上げる固定ラックの導入……176
コラム 運行管理者（貨物）の役割……178

第9章 これからの物流センター……179

77 ますます高度化する物流センター……180
78 パレット荷役の高度化で効率を上げる……182
79 静脈物流機能の強化を推進……184
80 重視される物流センターにおける顧客サービス……186
81 物流センターの従業員満足を高める環境作り……188
82 安心安全な物流センター運営……190
83 荷主視点のロジスティクス管理を実現……192
84 高度なスキルとリーダーシップが必要な物流センター長……194
85 サプライチェーンの骨格を理解できる物流センター見学……196
コラム 在庫圧縮を定期的に検討……198

主要参考文献……199

第1章

ロジスティクスの高度化は物流センターで決まる!

01 注目を集める「物流センター」の存在

イメージを一新させた最先端のセンター

LEVEL ☆☆☆

首都圏の湾岸エリアには巨大で現代的な物流センターが群を成して立ち並んでいます。

一般の方からすると、倉庫というと暗く殺風景なところに無造作に不用な物品が放置されているといったイメージを持たれることが多々あるかもしれません。しかし現代経営における倉庫はそうした一昔前のイメージとは大きく異なります。

現代の物流センターはサプライチェーンの司令塔として重要な役割を担い、庫内では検品、ピッキング、仕分け、箱詰め、値札付けなどのさまざまな作業が、ウエアハウスマネジメントシステム（WMS）と呼ばれる情報システムによる管理のもとに精緻に行われているのです。庫内はピッキングや検品をミスなく行うために照度にも気を遣われています。スルー型と呼ばれる物流センターでは物品は長期間、庫内に放置されているということは少なく、しっかりした在庫管理のもとに日々、在庫状況は変化しています。さらにいえば大型化も進み、巨大物流センターが首都圏、京阪神圏などには相次いで建設されています。建設された物流センターは実際の物流オペレーションを担うだけではなく、そのハードである施設自体がファンドに組み込まれ、投資対象となっています。産業空洞化の進む日本国内で、工場の代わりに闊歩（かっぽ）しているのが物流センターというわけです。

実際、もはや倉庫は物流の基本機能の1つである「保管」を満たすだけの存在ではありません。巨大物流センターは何百人もの従業員を抱え、港湾や内陸エリアの風景に溶け込み、ビッグデータとなった出荷情報、在庫情報を高度な情報システムにより処理する超現代的な建築物となりました。

かつて経営の神様と呼ばれたドラッカーは「物流

- 一変した庫内環境の常識
- 最新施設で高度なオペレーションに対応

イメージを変える現代物流における「倉庫」

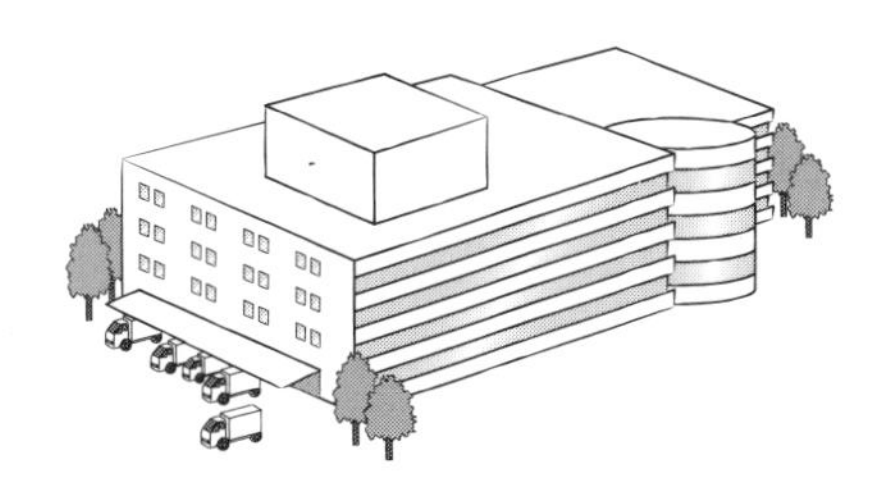
緻密な配送ネットワークに対応

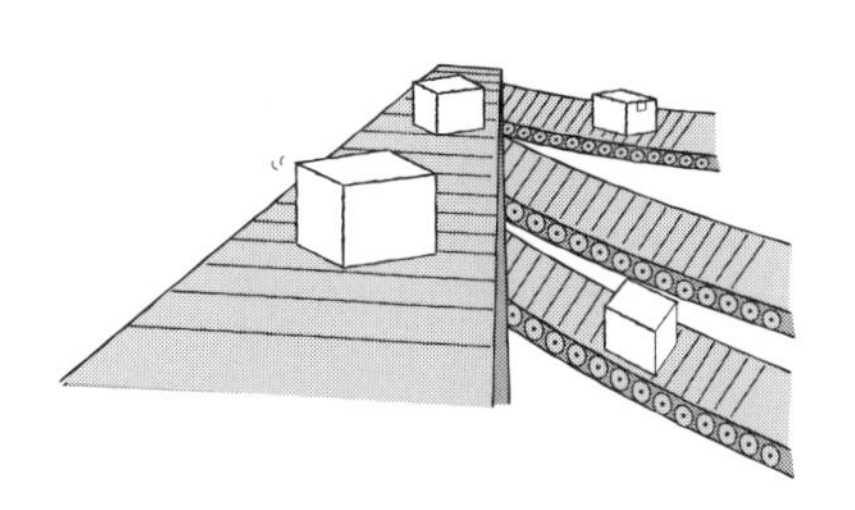
高速化する庫内オペレーションへの対応

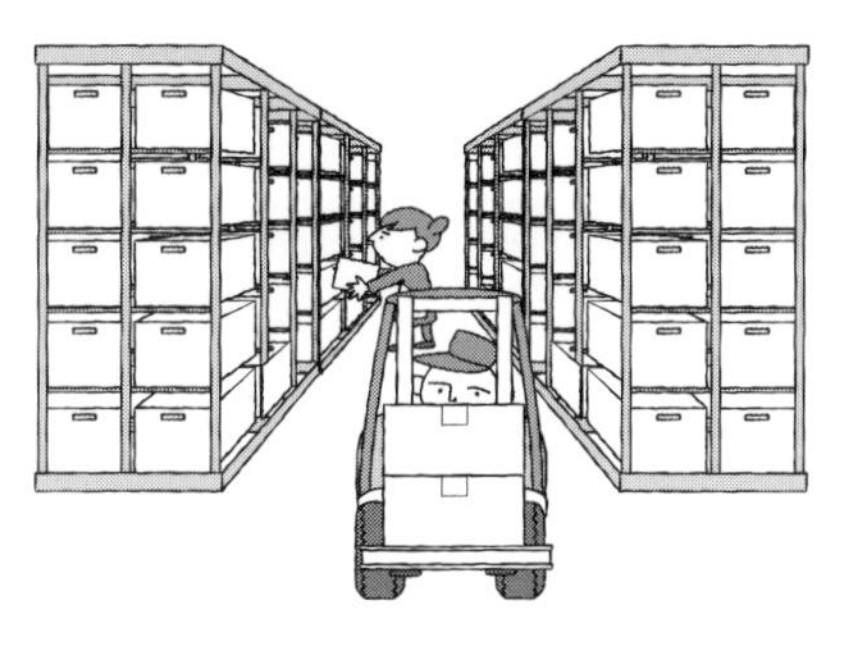
適正な在庫レベルに対応

正確な検品業務、ピッキング業務

は最後の暗黒大陸」と述べ、21世紀に物流という暗黒大陸が大きな夜明けを迎えることを予言しながら世を去りました。しかし大きく注目される存在となった現代物流の象徴としてメガ倉庫、巨大物流センターが登場することになるとは、さすがのドラッカーも予期すらしなかったことでしょう。

物流センターは単に大型化しているだけではなく、その機能も拡充しています。従来は工場で行われていた簡単な組立作業などが工場のコスト削減などの流れのなかで、物流センターの作業のなかに組み込まれています。また、小売店舗で行われていた値札付けなどの作業を物流センターで対応するといったケースも出てきています。今後、物流センターがさらに多くの作業をこなすようになる可能性も高いといえましょう。

02 サプライチェーンを束ねる物流センター

企業経営における重要性がますます高まる！

LEVEL ☆☆☆

企業経営における物流の重要性がますます高まるなか、物流センターの良し悪しが企業の業績にも大きな影響を及ぼすようになりました。

たとえば、「ネット通販の巨人」となったアマゾンの通販システムの要となっているのは巨大な物流センターです。

物流センターとは、倉庫の形態の一種で入荷した物品を格納、保管し、必要に応じて出荷する機能を持つ物流施設です。配送センター、流通センター、ロジスティクスセンターなどと呼ばれることもあります。

物流センターにはメーカーの工場などからさまざまな物品が日々、入荷してきます。それらの入荷した物品を格納・保管したり、別の物品と合わせて行先別に仕分けしたりすることが物流センターの中心的な業務となります。

伝統的な倉庫では、物品の保管に重きが置かれてきました。穀物類などの食糧は長期間、保管されることも少なくありません。それゆえストック型倉庫と呼ばれることもあります。

しかしながら、現代物流における物流センターは、ストック型ではなく、スルー型（通過型）です。メーカーの工場などから送られてくる物品は、物流センターから早ければその日のうちに出荷されてしまいます。

さらにいえば、物流センターにはさまざまな情報も集まります。物品の入荷、出荷、在庫などの詳細な情報です。物流センターにどのような物品がどこから入ってきて、どのくらいの期間、保管されて、どこに向けて出ていくのか、ということを把握すれば、サプライチェーンの全体像も見えてくることになります。

POINT
- 現代物流システムの中枢として機能
- 入荷した物品を格納、保管、出荷する機能

物流センターの進化

倉庫

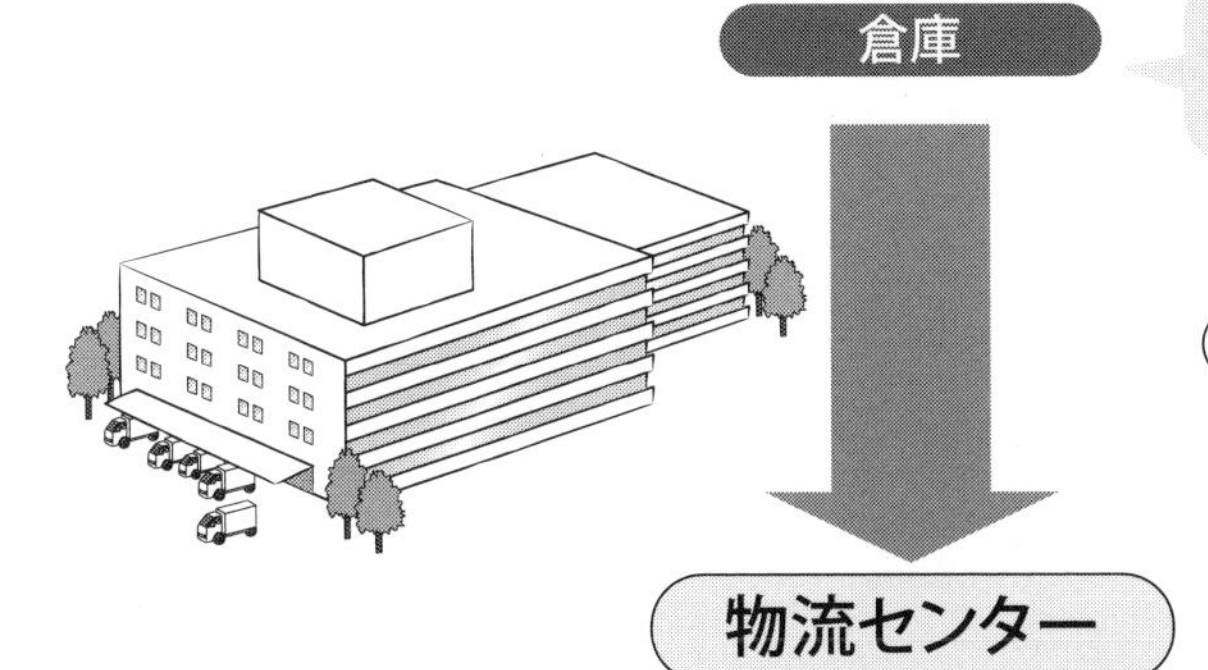

伝統的な倉庫の主機能は「保管」

ストック型

物流センター

サプライチェーンの司令塔
保管機能よりも流通加工機能などに重きが置かれるディストリビューションセンター（DC）、トランスファーセンター（TC）などに細分化

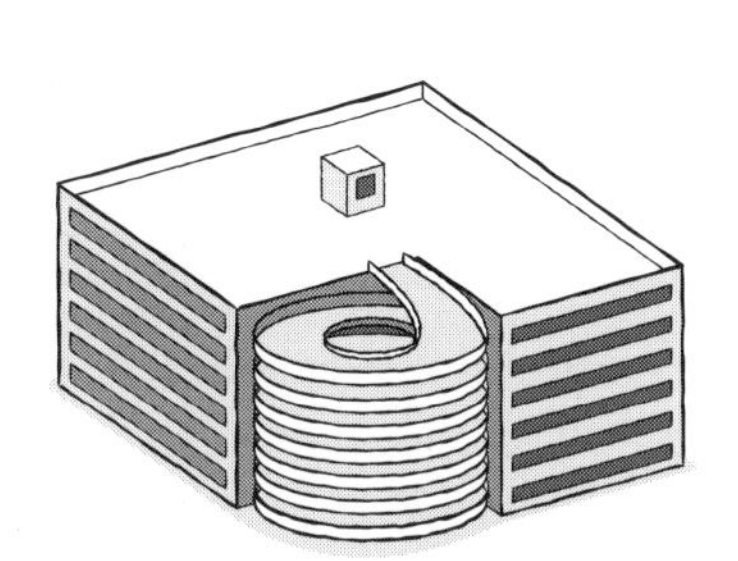

スルー型

現代物流センターの主要機能

- 在庫管理機能
- リードタイム管理機能
- クロスドック機能（荷合わせ機能）
- 仕分け・配送管理機能
- 出荷調整
- 品質管理機能
- サプライチェーン統括機能
- 保管機能

03 倉庫の基本知識を整理

多様な倉庫の分類

LEVEL ☆☆☆

物流センターのしくみについて解説していく前に、倉庫とはそもそも何なのかということについて説明しておきたいと思います。

倉庫業法では倉庫とは「物品の滅失、損傷を防止するための工作物、あるいは工作を施した土地、もしくは水面で物品の保管の用に供するもの」とされています。ただし、一般的にはモノを保管する場所のことを倉庫と呼んでいます。

倉庫の分類方法はいくつかあります。その保管形態や経営形態から数通りの分け方が存在します。複雑になりますが、基本的な点を理解しておきましょう。

倉庫の最も基本的な分け方として、その経営形態に基づいての自家用倉庫、営業倉庫、農業倉庫、協同組合倉庫といった以下のような分け方があります。

①自家用倉庫

自家用倉庫とはメーカーや卸売業などが自社の貨物を保管する倉庫のことをいいます。自社の倉庫として使用する限りは倉庫業の免許は必要ありません。

②営業倉庫

倉庫業法第三条の登録を受け、他人（他社）から預かった物品を保管する倉庫のことを指します。

営業倉庫については倉庫業法により細分化されています。すなわち普通倉庫、冷蔵倉庫、トランクルーム、特別の倉庫に分類されています。さらに普通倉庫は一類倉庫、二類倉庫、三類倉庫、野積倉庫、水面倉庫、貯蔵槽倉庫、危険品倉庫に分けられます。

③農業倉庫

農業倉庫法により認可を受けた倉庫で農業協同組

POINT
- 倉庫業法に基づく定義と運用を理解
- 立地条件、建築様式からの分け方も確認

営業倉庫の種類

普通倉庫	①１類倉庫：一般雑貨などの普通貨物を保管　通常、「営業倉庫」というと１類を指すことが多い ②２類倉庫：一般貨物以外の穀物、肥料、セメント、陶磁器などの保管 ③３類倉庫：ガラス類、地金、鋼材などを保管。簡単な構造 ④野積倉庫：風雨による影響を受けない原材料などを野積み保管 ⑤貯蔵槽倉庫：タンク、サイロなどの液体やばら穀物などの保管 ⑥危険品倉庫：消防法などに規定する危険品を保管
冷蔵倉庫	低温で生鮮食品や凍結品などを保管 ①C級：＋10℃以下から－20℃未満　野菜、果物、干物、塩干物、冷凍野菜など ②F級：－20℃以下　冷凍魚介類、食肉など
水面倉庫	原木などを水面保管する施設　（水面貯木場）
トランクルーム	一般消費者の物品の保管
特別の倉庫	災害の救助などのために物品の保管を必要と認め、国土交通大臣が定める倉庫
利用形態からの分類	貯蔵（保管）倉庫：保管(貯蔵)機能を主とした倉庫 流通倉庫：保管に加え配送・流通加工機能を備えた倉庫 専用倉庫：生産財、食料など、ある特定品目のみを取り扱う倉庫 専属倉庫：特定のメーカーの製品のみを取り扱うなどの倉庫 保税倉庫：関税法に基づく輸出入税などがまだ収められていない貨物を保管する倉庫 そ の 他：状況に応じて製品倉庫、商品倉庫、部品倉庫、原材料倉庫などの名称が用いられることがある
建築様式からの分類	平屋建倉庫、多層階倉庫、自走式倉庫、地下倉庫など

＊営業倉庫とは倉庫業法により認可された倉庫業法の倉庫のこと。これに対して、民間企業の私有、あるいは私用の倉庫のことを「自家用倉庫」、国、地方自治体が建設した倉庫のことを「公共倉庫」という。物流センター、流通センター、配送センター、ロジスティクスセンターなどは現代的な倉庫の別称である。戦略性の高い物流施設については「ウエアハウス」と英語で呼ぶこともある。

合などが運営するものです。

④協同組合倉庫

事業協同組合、漁業協同組合などが用いる倉庫のことです。組合員の物品が保管されます。

⑤公共倉庫

国、地方自治体が建設した倉庫のことです。

そのほかにも、保管倉庫、保税上屋などがあります。

ただし、一般に行われている倉庫の分類方法は倉庫業法からの分類だけではありません。その経営形態や立地条件、保管形態などによって必要に応じてさまざまな分類方法がとられています。

たとえば、立地条件から港湾倉庫、都市型倉庫、郊外型倉庫、ターミナル倉庫といった分け方、あるいは建築様式から平屋倉庫、多層階（多階建）倉庫といった分け方や物流戦略から保管型、通過型（流通型）といった分け方が行われることもあります。

このような多様な分類方法に混乱しないようにしましょう。

04 倉庫のミクロ的機能とマクロ的機能

たんにモノを保管するだけではない倉庫の役割

LEVEL ☆☆☆

倉庫業法による保管の対象は「寄託契約」を行った物品です。寄託契約とは当事者間における意思表示の内容一致による諾成契約です。

具体的にいうと寄託契約が成立するのは荷主（寄託者）が寄託を申し込み、倉庫業者（受寄者）が受託し、貨物が荷主から倉庫業者に引き渡された時点で寄託契約は成立します。

そして貨物が入庫し、荷役作業が始まると同時に貨物の保管も始まることになり、貨物が出庫されれば保管は終了することになります。加えていえば基本的に倉庫の料金は月を三期に分けて収受するようになっています。

また倉庫業における重要な仕事の1つに倉庫（倉荷）証券の発行があります。倉庫証券とは、倉庫業法第二条第四項によると「倉庫証券とは預証券及び質入証券又は倉荷証券をいう」とされています。

倉庫証券は、国土交通大臣の許可を受けた者でなければ発行してはならないとされています。

物品の移動がなくても証券の受け渡しで取引は完了する流通機能と金融上の担保機能の両方が兼ね備わっている倉荷証券が、主として利用されています。

ちなみに倉庫業法では「その全部又は一部を寄託を受けた個人（事業として又は事業のために寄託契約の当事者となる場合におけるものを除く。以下「消費者」という。）の物品の保管の用に供する倉庫をいう」（倉庫業法第2条第3項）と定義されています。

なお、倉庫の基本機能はミクロ的機能とマクロ的機能に分類できます。

ミクロ的機能とは庫内作業における倉庫の機能です。生産拠点から物品を受け入れ、入荷作業を行い、次いで入庫から保管、ピッキング、検品、梱

- 寄託契約と倉庫（倉荷）証券
- 倉庫の外観、庫内のレイアウトを重視

倉庫の契約

倉庫業法の保管の対象 ➡ 「寄託契約」を行った物品

荷主（寄託者）が寄託を申し込み、倉庫業者（受寄者）が受託し、貨物が荷主から倉庫業者に引き渡された時点で寄託契約は成立

倉庫の機能

ミクロ機能

庫内作業における倉庫の機能

生産拠点から物品を受け入れ、入荷作業を行い、次いで入庫から保管、ピッキング、検品、梱包、出庫、配送と続く一連の庫内作業の円滑化の土台

マクロ機能

物流戦略とのリンクにおける倉庫の機能

倉庫の統廃合などの物流拠点戦略、立地ロケーション、サプライチェーン全体での情報化の促進、倉庫の外観のデザインや庫内のロケーション、レイアウト、物流施設の流動化、ファンド化の展開など

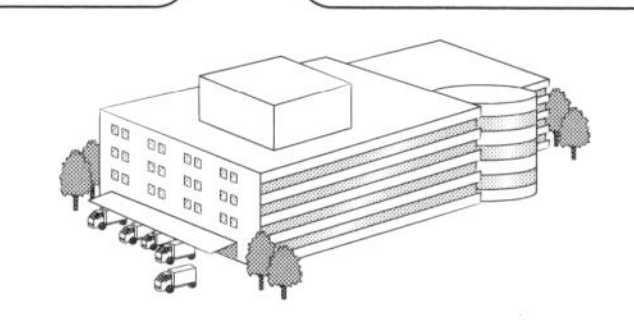

包、出庫、配送と続く一連の庫内作業の効率化の土台となるインフラを構築します。

マクロ的機能とは、物流戦略とのリンクにおける倉庫の機能で、複数の倉庫の集約などの物流拠点戦略、立地ロケーション、サプライチェーン全体での情報化の促進、倉庫の外観のデザインや庫内のロケーション、レイアウト、さらには物流施設の流動化、ファンド化の展開などを指します。

これまで、倉庫のマクロ的機能に関する分析はきわめて少なかったのですが、ここにきてその重要性は加速度的に増してきています。

サプライチェーン全体のなかで倉庫をいかに効果的に機能させるかが、大きなポイントとなっているのです。

05 倉庫から物流センターへの進化

物流センターの概念を理解

LEVEL ☆☆☆

繰り返しになりますが、倉庫に関する分類方法はその目的、用途に応じて何種類もあります。

さらに話を進めると、配送センター、物流センター、ロジスティクスセンター、フルフィルメントセンターのように「倉庫」という名称を用いない分類方法があります。

倉庫をロジスティクスの立場から分類すると保管型と流通型（通過型）に大きく分けることができます。なお、この中間的な形態をとるものを総合型とする分け方もあります。

伝統的な倉庫の使用目的は倉庫業法にもある通り「物品の保管の用に供する」ということです。

しかしロジスティクス、サプライチェーンマネジメント（SCM）の進化の過程においてウエアハウスの概念とその機能も大きく変化してきました。

戦略物流という考え方は「いかに在庫をなくしていくか」ということをふまえての無在庫オペレーションの実現が究極の目標とされています。

しかし、倉庫の主要機能が保管ということである限り、ロジスティクスの目標と倉庫の機能は大きく矛盾することになってしまいます。

そこで登場したのが「流通型倉庫」という考え方です。倉庫の機能をたんに保管に限定することなく、配送や流通加工の機能を組み合わせ、あるいは重視してロジスティクスを展開する軸とするわけです。

すなわち物流センターをはじめ、配送センター、ロジスティクスセンター、フルフィルメントセンターなどの名称を持つ多くの倉庫は流通型です。

なお、近年はさらに流通型物流センターがディストリビューションセンター（DC）とトランスファーセンター（TC）に分類されています。TC

- たんに保管だけでなく多様な機能を持つ倉庫に
- 物流システム全体の効率化、高度情報化を推進

保管型から流通型（通過型）への進化

保管（ストック）型

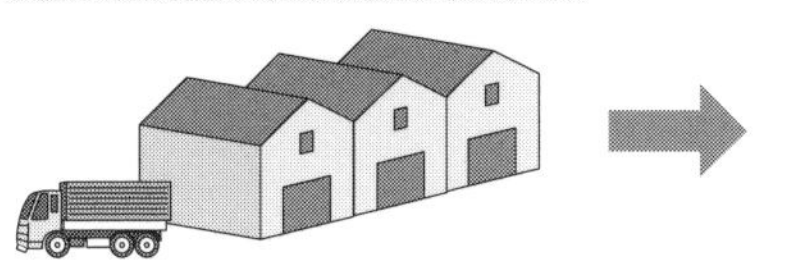

伝統的な従来型の倉庫

物流センターには生産拠点からエンドユーザーまでのモノの流れを管理する「物流システム全体の司令塔」としての役割が求められている

流通（スルー）型

ディストリビューションセンター（DC）

配送センターともいう。保管、流通加工、仕分け、小分け、検品などの機能を持つ。

トランスファーセンター（TC）

仕分け機能を中心に据え、原則として無在庫で即日納品を行う流通小売チェーンなどの物流センター。クロスドッキング機能などが強化されている。

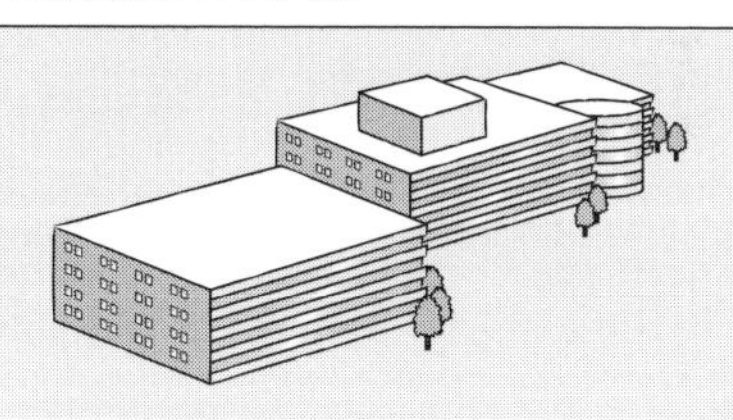

はDC以上に通過型の機能が高くなります。

高度なロジスティクスの実践においては、もはや倉庫は「たんなる保管場所」とは考えられないというわけです。

言い換えれば、戦略的な倉庫の場合、基本的には物流センターと呼ぶことになったといっても過言ではないでしょう。

そして、物流センターの基本的な機能は生産と販売を結ぶ軸としての働きです。庫内作業を円滑に進め、生産から最終消費にいたる諸情報をサプライチェーン全体で共有するための中心拠点となることが求められているのです。

つまり、物流センターには生産拠点からエンドユーザーまでのモノの流れを管理する「物流システム全体の司令塔」としての役割が求められているわけです。さらにいえば、リアルタイムでの在庫情報の更新、ロケーション・レイアウトの緻密化、ピッキング作業の効率化などをキーワードにサプライチェーン全体の効率化、高度情報化なども推進されています。

06 ストックからスルー型物流センターへ

流通加工機能を重視する現代物流

LEVEL ☆☆☆

前項の補足的な解説になりますが、現代型の物流センターのしくみを理解するうえで、「保管（ストック）型ではなく流通（スルー）型である」ということを認識しておく必要があります。

たとえば、「テセウスの船」という言葉を聞いたことがあるでしょうか。古代ギリシャでテセウスがクレタ島から戻る際、船の朽ちた部分を新しい材木に適時、取り替えていきました。その結果、帰還時には船のオリジナルの木材はなくなってしまったという話です。転じてある物体のすべての構成要素が入れ替わったときに「同じ物質」といえるかどうかという問いになっています。

物流関係者ならば、このテセウスの船の話から、どこか「流通型倉庫」とも呼ばれる現代物流センターを連想させられるのではないでしょうか。実際、最先端の物流センターのしくみはテセウスの船にとてもよく似ています。

スーパーマーケット、コンビニエンスストアの食品などの物流センターで格納・保管されている物品は一見、いつも同じに見えます。しかし、ほとんどの物品は24時間以上、留まっていることはありません。常にセンター内の物品は流動しているのです。あたかもテセウスの船のように常に庫内の物品は、それ自体は変わっていきます。

しかし作業者の目に映る庫内の光景や作業工程に変化は発生しません。保管エリア、作業エリアで扱われる物品は月次、あるいは年次単位で見ても同じものであり、同一の場所から同一の物品が取り出され、仕分けされているのです。流れる水のように日々、取り扱う個々の物品は変わりますがそれを意識することは通常ではないのです。

このように物流センターが保管型から流通型に大

POINT
- 在庫期間の短期化に対応
- トランスファーセンターとディストリビューションセンター

物流センター運営の効率化

運営の効率化

ウエアハウスマネジメントシステム（WMS）の導入

↓

ロケーション管理（DC）、クロスドッキング（TC）などの導入とも相乗効果

ロケーション管理　　**クロスドッキング**

DC

固定ロケーション、フリーロケーションの双方に対応、入荷先、入荷日、数量、賞味期限などの管理

TC

入荷検品、ピッキング、納品先別仕分け、出荷検品の一連の作業効率化

効果

リードタイム管理の適正化
欠品・品切れの防止機能
在庫適正化

バーゲン、新商品のプロモーションなどの急激な物量の増大に適切に対応

きく変化した背景にはロジスティクスの高度化の流れがあげられます。

「在庫を長期的に持たず、必要なモノを必要なときに必要なだけ供給する」というＳＣＭのロジックにあわせ、物流センターを「ロジスティクスの司令塔」と位置付け、オペレーションの高度化を進めていくと、流通型のセンターというスキームが自ずとできあがってくるのです。物流センターの機能を保管にはしないのです。

なお、荷捌きが中心で在庫の滞在期間の短い流通型センターをトランスファーセンター（ＴＣ）、比較的、在庫期間が長いセンターをディストリビューションセンター（ＤＣ）と呼ぶのが一般的です。

07 保管の4原則を理解

在庫回転率にあわせた保管スペース管理

効果的な保管方法を実践するためには「保管の4原則」を守るようにしましょう。

①通路に面した保管
②高積み
③先入れ先出し
④在庫回転率にあわせた保管スペースの管理

通路に面した保管は、荷動きの激しい品物を荷扱いしやすい通路サイドに置くということです。

高積みをするのは保管効率を上げるためです。物流センターの賃料はスペース貸しの場合、使用面積に対してかかります。いくら高積みしても賃料は同じです。「天井までの空間をいかにムダなく活用するか」ということが保管コスト削減の大きなポイントとなってきます。しかしヤミクモな高積みはかえって効率の悪化をまねきます。

高さロスは10％以下が理想的です。具体的にいうと固定ラックなどを設置する場合は、保管エリアの有効梁下高さ（一般的な物流倉庫では5～6ｍ）と物品を保管するラックの最上段の高さの差が可能な限り小さくなるようにします。

天井とラックの最上段の間にムダな空間がなるべく生じないようにします。

もちろん、たんに段ボールを積み重ねるのではなく、固定ラックを使って、整理整頓をしっかりしながら高く積み上げるようにします。段ボールを無造作に高積みしただけでは、先入れ先出しでの出し入れが難しくなることもあるからです。

固定ラックについては物品が保管されていない「歯抜け」のラック間口が発生していないか、入念に確認します。仕切りも適時、調整しましょう。スペースロスは30％以下に抑えたいところです。

●保管エリアのキャパシティを確認
●仮置きエリアの適正化を実現

保管の4原則とは

① 通路に面した保管

② 高積み

③ 先入れ先出し

④ 在庫回転率にあわせた保管スペースの管理

物流センターの保管場所：格納・保管エリア（ラック、自動倉庫など）に加えて、トラックヤード、荷卸場、荷受場などが仮置きエリアに使われることもある

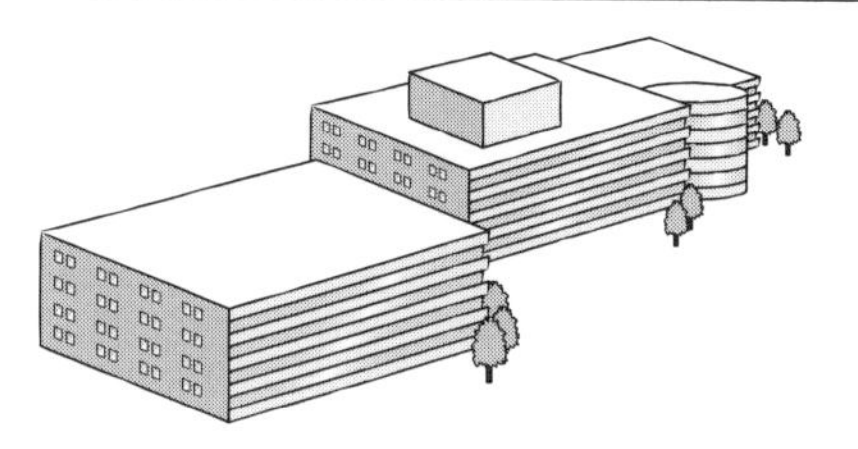

保管の機能

- 商品管理（安全性、品質など）
- 保管空間の有効利用
- IT管理など

保管に際しては商品の安全性の確保、商品の劣化の防止などが必要。また衛生管理も重要である。ちなみに保管には、「輸配送、出荷などの準備段階」という意味合いもある

08 倉庫業の登録の諸手続きを確認

規模、構造、設備の概要などを用意

LEVEL ☆

倉庫業を営もうとする者は国土交通大臣の行う登録を受けなければなりません（倉庫業法第3条）。

国土交通大臣への提出書類は次の通りです。

①倉庫明細書、冷蔵施設明細書（冷蔵倉庫の場合）

法律で定められた所定の様式倉庫の名称・所在地・倉庫の規模・構造の詳細・設備の概要など、倉庫の明細を記入します。図面・書類などを添付し、確認できるようにします。冷蔵倉庫の場合は冷蔵施設明細書、冷蔵室表を添付します。

②倉庫、敷地についての使用権原を証する書類（不動産登記簿の謄本または抄本、国または地方自治体の使用許可書など）

倉庫の建設着手前の場合は、建築確認書（写）、建築見積書（写）、請負契約書（写）を用意し、完成後に不動産登記簿の謄本または抄本を提出します。

ちなみに、「権原」とは不動産用語で、地上権、賃貸権などのある法律行為などを正当とする法律上の原因を指します。

③倉庫の種類ごとに関係法令等に適合していることを証する書類

たとえば第1～3類倉庫などの場合、検査済証、倉庫の屋根、軸組み、外壁や荷ずり、床の構造の詳細を記載した書類などが必要になります。

④倉庫の平面図、立面図及び断面図、配置図

平面図、立面図と断面図には主要部材の材料、種類、寸法を記載します。平面図や立面図には各階の消化器の位置、消火栓、火災警報機などを明示します。配置図には敷地内にあるすべての施設、設備を記載します。

⑤倉庫付近の見取り図

詳細な地図などを用いて当該倉庫を明示するか、

- 国土交通大臣に申請書類を提出
- 倉庫管理主任者は原則１棟に１名配置

倉庫業法の概要

倉庫業：寄託を受けた物品の倉庫における保管を行う営業のこと

倉庫業法	第１章総則：倉庫とは「物品の滅失もしくは損傷を防止するための工作物または物品の滅失もしくは損傷を防止するための工作を施した土地もしくは水面であって、物品の保管の用に供するもの」
倉庫業の登録	倉庫業を営もうとする者は国土交通大臣の行う登録を受けなければならない（倉庫業法第３条）

国土交通大臣への提出書類

必要書類	詳細・注意点など
倉庫明細書、冷蔵施設明細書（冷蔵倉庫の場合）	法律で定められた所定の様式倉庫の名称・所在地・倉庫の規模・構造の詳細・設備の概要など、倉庫の明細を記入。図面・書類などを添付。冷蔵倉庫の場合は冷蔵施設明細書、冷蔵室表を添付
倉庫、敷地についての使用権原を証する書類（不動産登記簿の謄本または抄本、国または地方自治体の使用許可書など）	倉庫の建設着手前の場合は、建築確認書（写）、建築見積書（写）、請負契約書（写）を用意し、完成後に不動産登記簿の謄本または抄本を提出
倉庫の種類ごとに関係法令等に適合していることを証する書類	第１～３類倉庫などの場合、検査済証、倉庫の屋根、軸組み、外壁および荷ずりならびに床の構造の詳細を記載した書類などが必要
倉庫の平面図、立面図及び断面図	平面図、立面図、断面図、配置図：平面図と断面図には主要部材の材料、種類、寸法を記載。平面図には各階の消化器の位置、消火栓、火災警報機などを明示。配置図には敷地内にあるすべての施設、設備を記載
倉庫付近の見取り図	詳細な地図などを用いて当該倉庫を明示するか、周辺の目印となるような主要道路、建物などを示し倉庫の位置関係を明示
倉庫管理主任者の配置の状況および当該倉庫管理主任者の資格を記載した書類	倉庫管理主任者は原則１棟に１名配置

周辺の目印となるような主要道路、建物などを示し倉庫の位置関係を明らかにします。

⑥倉庫管理主任者の配置の状況および当該倉庫管理主任者の資格を記載した書類

倉庫管理主任者は原則１棟に１名配置をすることになっています。

参入規制が許可制から登録制に変更されたのに伴い、新規参入は、近年増えています。新規参入の60％程度は、貨物自動車運送事業者で、運送業務に倉庫業務を補完することで、ロジスティクスネットワークの拡充に柔軟に対応することを視野に入れているようです。また、物流施設を開発、建設し、提供するというビジネスモデルも注目を集めています。

用語解説

倉庫管理主任者：倉庫業法に基づき、倉庫の火災防止、労災防止、倉庫管理業務の適正な運営などを指導監督する業務を行う。倉庫管理業務に関して２年以上の指導監督的実務経験があるか、倉庫の管理業務に関して３年以上の実務経験があるか、国土交通大臣の定める「倉庫の管理に関する講習」を修了した者がその要件となっている。

COLUMN

倉庫の歴史

我が国でもっとも古い倉庫は、東大寺の正倉院です。中国、シルクロード、ペルシャなどからの貴重な財宝などが今も保管されています。

奈良時代、平安時代の倉庫の特徴は高床式で保管の大敵となる湿気を防ぐように作られていました。倉庫には高価値のある品物を保管するというのが原則的な考え方でした。

時代が下ると、財宝に加えて、米穀などの食糧も保管されるようになります。

平安時代から鎌倉時代にかけては、荘園が日本各地にできると、問丸と呼ばれる組織が荘園の年貢を販売するようになりました。その際、問丸は年貢米を荘園から運び出し、倉庫のなかに保管するようになりました。

「モノを保管する」ということが職業となったのは鎌倉時代後期からといわれています。

鎌倉時代後期の土倉が倉庫業の祖先ということになります。

土倉は現在の質屋さんのように質草を預かり、それをもとにお金を貸す金融業者でした。その質草の保管に倉庫が使われたのでした。

江戸時代に入なると、貸蔵という職業が発達してきました。江戸や大坂の商人の物品を蔵敷料をとって預かるというものでした。御蔵、蔵屋敷と呼ばれる自家倉庫の原型も現れました。

また商人がすでに売ってしまった商品についても証明書となる米切手や蔵預かり手形という現代の倉荷証券と同じような機能の預かり証の発行も始まりました。

倉庫は宗教関係の宝飾品、金工品、米などの保管から始まり、経済規模の拡大にあわせて、そのビジネスモデルを大きく進化させてきたのでした。

貴重な宝物が詰まっていた現存する日本最古の倉庫

第2章

現代物流センター業務の基本フロー

09 物流センター業務の流れを理解

保管・荷役・流通加工・包装の4機能を輸送機能にリンク

LEVEL ☆☆☆

物流の基本的な機能（5大機能）としては、輸配送、保管、荷役、流通加工、包装・梱包があげられます。なかでも輸送は物流の最も骨格となる基本部分となります。一般に物流コストの25％程度は輸送費といわれています。

他方、従来の倉庫の役割は保管機能が中心となっていました。

しかしロジスティクス、サプライチェーンマネジメント（SCM）の進化の過程において倉庫と物流センターの概念とその機能も大きく変化してきました。高度なロジスティクスの実践において、物流センターを「たんなる保管場所」とは考えないという流れが出てきたのです。すなわち、現代型物流センターを起点とした企業の物流システムの全体最適化を図る際には、物流の5大機能（輸配送、保管、荷役、流通加工、包装）のうち輸配送以外の4機能の効率化、高度化が不可欠になります。物流センター業務は、これら4機能と深く関連しています。

とくに保管機能を補う形で荷役（にやく）機能に高いウエイトが置かれるようになってきました。荷役の具体的な作業には、仕分け、ピッキング、庫内運搬などがあります。入出庫業務やそれに係わる検品業務なども同じ範ちゅうに入れて考えることができます。保管機能がきわめて低い通過型のトラスファーセンター（TC）におけるクロスドッキングなどもこの機能に内包されます。

さらに流通加工業務も物流センター業務で重要な役割を担います。

流通加工とは、商品の加工を物流センターなどで行うことです。生産者から消費者までのリードタイ

- 保管だけでなく荷役・流通加工も重視の流れ
- 仕分け、ピッキング、梱包の効率化を推進

物流の5大機能とセンター業務

物流の５大機能

- 保管
- 荷役
- 流通加工
- 包装・梱包

物流センターにおける業務に関係

- 輸配送

物流センターへモノを運ぶ
足としての役割を含む

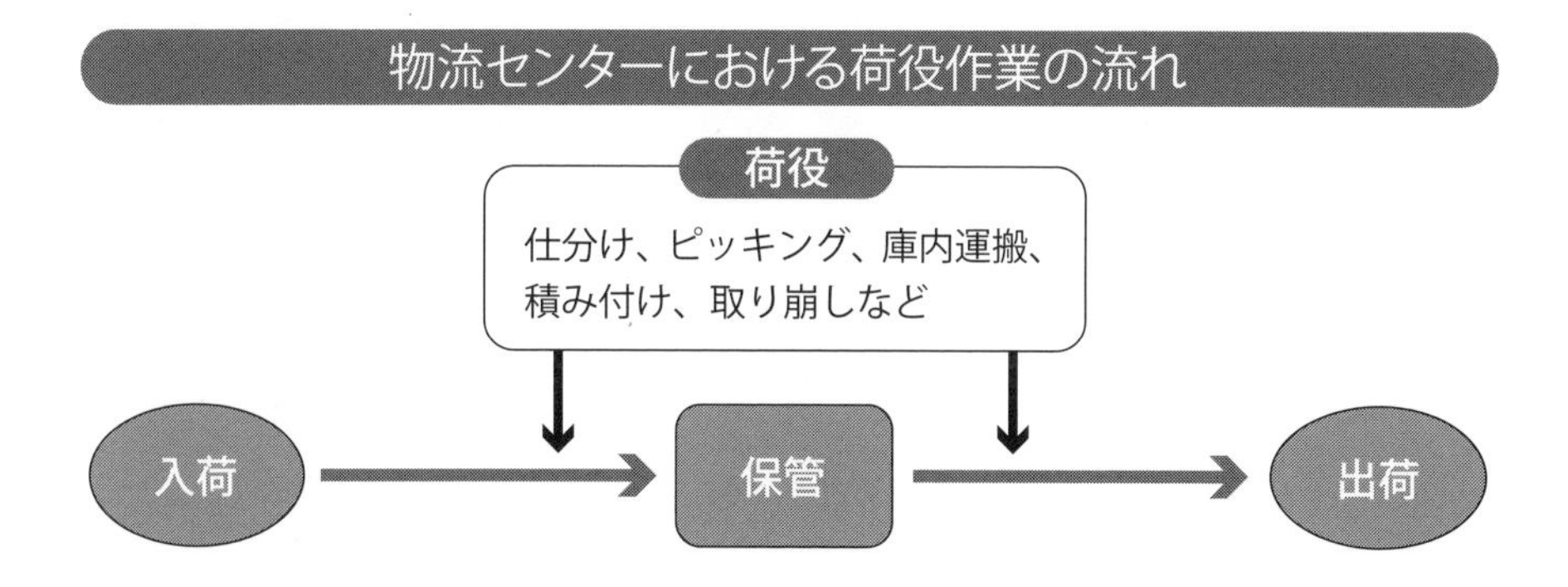

ムを短くすることが主たる目的です。

また包装・梱包は、保管や荷役をムリ、ムダなく行うために必要です。物流センター内でも物品の詰め替えなどの包装業務が行われます。

物流センター業務により、輸配送以外の物流の４機能が体系的かつ、効果的、効率的にリンクされることになるのです。

もちろん、それら４機能は、最終的には輸配送機能とも連動していくことになります。入荷、出荷などのプロセスにおいては、輸配送ネットワークとのタイムリーな接続が不可欠になるのは、いうまでもありません。

10 WMSの基本機能の把握

物流センター作業をITで効率化！

LEVEL ☆☆☆

物流センターの業務は情報システムとの密接な関係のもとに行われることになります。そしてそのうえで重要となってくるのが作業状況や進ちょく具合の管理を行うWMS（倉庫管理システム）です。

物流センターでは各作業の進ちょく状況を常に確認しながら現場に指示を送る必要があります。そこでWMSにより受注件数、処理件数などを、情報システムを通して現場が把握し、作業進行の目安を示すのです。

IT化による管理で作業員の技術面における個人差を最小限に抑え、高い生産性を実現すると同時に納期遵守やリアルタイムでの在庫精度のアップを実現していくのです。各作業者の進ちょく状況をデータ化して分析し、各作業員の作業効率などを評価する労働管理機能も持ち合わせています。

さらにいえば、バーコードシステムやRFID（非接触タグ）とリンクした自動認識システムを導入した入出庫検品やロケーション管理が可能となります。

モノと情報を一括して管理できる体制が整うのです。その結果、作業精度が高まり、たとえば誤ピッキング、誤出荷などが減少します。インターネットと連動してのクラウド型などの入出庫検品システムでは瞬時の在庫情報の更新も可能となります。

納期リードタイムの短縮、荷役コスト削減など、物流センター内のさまざまな業務・作業の効率化、合理化が促進されるのです。

また、在庫量の正確な把握により、実地棚卸にかかる諸コスト、時間などの低減も可能になります。作業標準化の促進などにより、人手のかかる確認作業などを最小限にすることで物流センターの人件費の総合的な削減も実現できます。

POINT
- 各作業の進ちょく状況を確認しながら現場に指示
- 納期リードタイムの短縮、荷役コスト削減を実現

WMSの機能

各作業の進ちょく状況を常に確認しながら現場に指示を送る

WMS

ウエアハウスマネジメントシステム：倉庫管理システム

受注件数、処理件数などを、情報システムを通して現場が把握し、作業進行の目安を示す

- IT化による管理で作業員の技術面における個人差を最小限に抑え、高い生産性を実現
- 納期遵守やリアルタイムでの在庫精度のアップを実現

庫内作業のITによる効率化

- バーコード検品などの導入をバックアップ
- 無線LANシステムや自動認識システムを導入しての入出庫検品やロケーション管理の実現

バーコード検品で
ミスを防止!

11 効率化を推進する入荷・検品業務

目視に頼らないシステム構築を推進

LEVEL ☆☆☆

入荷業務は物品が物流センターなどに到着するのを待って始まります。したがって、トラックの到着が不規則な場合は実際の入荷業務への流れがスムーズに進まないことも出てきます。そこで物流センターなどの商品・物流管理において入荷業務の効率化はきわめて重要なポイントになります。入荷作業、入荷検品、返品処理、棚入れ（格納）、在庫、棚卸しなどが該当業務になります。

日々の入荷データ（入荷検品行数、入荷ケース数など）については日報にまとめます。月ごとに平均値、最小値、最大値を記録し、作業のムラをなくすために平準化したり、ピーク時に対応できる体制を整えたりすることができるようにします。

トラックの到着については、どの時間帯にどの配送会社のトラックが来るか、入荷量をケース単位でつかんでおくことが望ましいでしょう。入荷時間のタイムリミットも正確に把握しておくようにします。あわせて主な運送会社ごとに時間帯、取扱いケース数などを表にまとめておくと便利です。入荷に関するタイムスケジュールをしっかりと作成することが効率的な物流センター運営につながります。

検品業務には工場や物流センターなどから営業所、店舗、最終消費者などのもとに出荷されるときに行う出荷検品に加え、物流センターなどに品物が入荷した際に行われる入荷検品などがあります。またアパレルでは「衣服に縫製などの際に使われた針が残っていないかどうか」を確認する検針業務も重要です。

近年では目視に頼らない検品システムの構築が進んでいます。

- 入荷業務の詳細を熟知
- 効率的な検品業務を実践

検品業務のポイント

入荷検品、出荷検品、検針など

検品

物流センターなどで物品の種類、品質、個数などが間違いないかどうかを確認する作業

検品は正確に行われて当然、間違えると叱責される。ただし検品体制がしっかりしている企業の物流には信頼を寄せられる

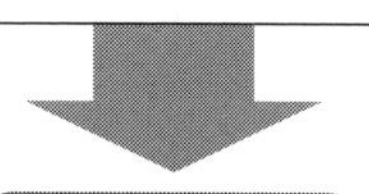

無線ハンディターミナルを活用すれば特別な検品エリアなどを設定する必要もなくなる

WMSの導入

「目視に頼らないシステム」の導入

バーコードの検品方法にもいろいろな方式があり、ユーザーの商品形態、取引形態、物流センターの形態などで方式は異なることになる

入荷・検品のポイント

項目	ポイント
入荷	物品が物流センターなどに到着するのを待って始まる。 入荷にあたっては、トラックの荷卸し場所の指定、受領書への押印、入荷情報入力、荷受エリアからの格納・保管・棚入れの手続きなどを行う必要がある。
検品	品物が入荷した際に行われる入荷検品、工場や物流センターなどから営業所、店舗、最終消費者などのもとに出荷されるときに行う出荷検品などがある。アイテム、数量などに間違いはないか、破損などはないかをマニュアルなどに従ってチェックする。

12 入荷データを入念にチェック

入荷予定、入荷情報を十分に把握

LEVEL ☆☆☆

IT化されていない場合、作業者が赤鉛筆を持って伝票と商品を目視で照合し検品します。1人だけではミスが起きやすいので、2人1組で行い、「1人が商品をチェックし、もう1人が伝票を読む」というやり方が一般的です。ただし、現代的な物流センターではWMSとリンクさせる形でバーコード検品が導入されています。

物品が物流センターに到着し、荷卸しが済めば入荷検品が行われることになります。WMSを活用することで入荷品目をバーコードでスキャンし、入荷検品を行うことができます。

通常、入荷検品においては入荷の予定データと実際の入荷データを見比べ、誤入荷がないかなどをチェックします。具体的にいうと、入荷品目、入荷数量、また食品の場合には消費期限、賞味期限なども確認しなければなりません。

目視だけで行うとどんな熟練者でも検品の品目を見間違うリスクが少なからず生じます。WMSを導入し、バーコードスキャンを行えばそのリスクを最小限に抑えられます。目視ならば段ボールなどで入荷された物品は梱包を解いて中身を確認する必要があります。

しかしWMSを導入していれば外箱のバーコードを検品すればよいわけです。したがって、梱包を解く必要はありません。

入荷検品の際に発行される入荷検品シール、入庫指示書を物品などに貼付します。そして入庫指示書などで指定された格納ロケーションに物品を格納し、ハンディターミナルで入庫登録を行います。格納ロケーションにあるバーコードをスキャンすることでロケーションが正しいかどうかを確認します。

なお格納ロケーションが誤っている場合には、警

POINT
- マテハン機器の導入で誤入荷を回避
- バーコード検品の導入で効率化

入荷プロセスの効率化

これまでどんなものが入荷されたか知らないなぁ

いつ入荷するのかわからないなぁ

WMSの導入

入荷予定、入荷実績などを十分に把握

EDI自動連携で入荷実績、在庫報告

入荷プロセスを効率化

入荷作業計画を緻密に実行!

どのような入荷予定商品がまだ入荷されていないのか」といった未入荷商品のステータスについてもしっかりと掌握

改善ポイント

- トラックの台数、時間などを正確に把握
- 入荷作業者を迅速に適所に配置
- スムーズな入荷作業を実現
- 円滑な入庫指示書の発行

戒音が鳴るなどして、作業者にミスを伝えることになります。

物流センター業務において、入荷は最も重要な工程の一つです。入荷の時点で、「どの物品がいつ、どれだけ庫内に入ることになるのか」ということが、きちんとデータ管理されていなければ、いかに保管、出荷のエリア管理を綿密に行っても効果を上げることはできません。いわゆる「未入荷」によるミスを絶対に引き起こしてはならないのです。それゆえ、WMSを導入してのバーコード検品を行える体制を整えても、誤入荷がないように、作業のマンネリ化などが発生しないように十分に注意する姿勢が大切になります。

用語解説　**ロケーション管理**：物品別にロケーション番号を付け、格納・保管エリアを設定して管理する方法。

13 出庫・出荷の流れを理解

誤出荷を徹底して回避

出庫にあたっては、まず出庫引当処理を行います。

出庫引当とは、注文された商品を数量分、どのロケーション在庫から取り出すかを決めることです。庫内の作業者は出庫引当処理に基づいて保管されている商品を出庫します。その際に納品の指定時間、トラックの積込み順などを考慮し、それらが早い順に処理するようにします。

なお、出荷に関するトラブルは少なくありませんが、出荷がきちんと行われないということは、物流センターの物流品質の管理体制に問題があるということにもなります。

なかでも、出荷に際して避けなければならないのが誤出荷です。検品ミスなどが原因で起こります。配送先は正しくても、アイテムや個数が異なっていたり、段ボールなどに間違った送り状が貼られていたりするケースが考えられます。

物流センターが人手不足で、あわただしく回転しているような状態は可能な限り回避しましょう。

また、発注されているにもかかわらず、何らかの理由で出荷処理がきちんと行われず、そのために商品が発送されないということがあります。これが未出荷というトラブルです。もちろん、そのまま放置しておけばいつまでたっても商品は納入先に届きません。伝票上では出荷されたことになっているのに、実際には出荷されていないのです。きちんと受発注業務が行われていれば未出荷は発生しないはずです。

誤出荷を避けるためには指差し呼称を徹底することが効果的です。視聴覚をフル活用して集中力を高め、ミス、リスク、危険な状態などを回避するために行われます。2人1組で互いに向かい合うなどし

POINT
- 出庫引当処理に基づいて出庫
- 指差し呼称の徹底で誤出荷を防止

出庫・出荷の手順

出庫引当処理

注文された商品を数量分、どのロケーション在庫から取り出すかを決める

出庫

庫内の作業者は出庫引当処理に基づいてロケーション管理され、保管されている商品を出す

出荷方面、輸配送ルート、輸配送モード、納品時間などの条件を選択

出荷

指定時間、トラックの積込み順などを考慮し早い順に処理し、物流センターから納品先に向けて物品を配送

迅速、正確に行われなければ誤出荷、遅配などが発生し、大きなダメージを受ける

て、対象物をよく見て、大きな声で「……よし！」と、指で示して確認するようにします。声を出して行うことでマンネリ感から来るヒューマンエラーを防止できるのです。

　誤出荷が恐ろしいのは、たとえそれまでまったくミスがなくても、たった一度の誤出荷ですべての信用を失うことがあるということです。ただし、どれだけ注意しても誤出荷を完全に防ぐということは容易なことではありません。

　万が一、誤出荷が発生してしまった場合には、すぐに正しい出荷先に届け直し、すみやかに担当者と責任者が直接、先方に出向いて謝るようにしましょう。十分な誠意を見せることがなによりも大切です。

14 ピッキングの良し悪しでセンターの評価が決まる

摘み取り式と種まき式を適切に選択

LEVEL ☆☆☆

物流センターのオペレーションにおけるピッキングの占める割合は高く、ピッキングは物流センター業務のなかで最も労働集約的な機能といえます。したがって、ピッキング効率を上げることで物流センター全体の運営効率の向上も促進できます。

つまり、ピッキングがきちんと行われていなければ、物流センターとしては落第点がつけられてしまいます。まずはピッキングの重要性を十分に認識しておきましょう。

物流センターで採用されるピッキング方式は、出荷先ごとに物品を保管場所から集めるオーダーピッキング（摘み取り式）と複数の種類の商品をまとめてピッキングして後で配送先ごとに仕分けを行うバッチピッキング（種まき式）に大別されます。

摘み取り式も種まき式も、バラ／ピースピッキングとケースピッキングのそれぞれのパターンが考えられます。

摘み取り式と種まき式を比べた場合、手作業は摘み取り式のほうが少なく、そのため誤ピッキングのリスクも摘み取り式のほうが低くなります。より確実な方式は摘み取り式といってもよいでしょう。また、アイテムごとに処理を完結できるという利点もあります。

しかし、出荷先が多くなり出荷先ごとに物品を摘み取っていると、莫大な時間がかかることになります。したがって、作業効率を考えると、この場合は種まき式を採用することになります。

誤ピッキングを減らすためには、ピッキングリストを作業者がアイテム名、個数などを間違えないように視覚的に工夫するとよいでしょう。ちなみに作業者名を記入して責任の所在をはっきりさせることも有効です。

- 誤ピッキングを可能な限り削減
- 責任の所在を明確化

ピッキングの種類

ピッキング方式	定義	利点・注意点
摘み取り式	出荷先ごとに商品を保管場所から集めるオーダーピッキング方式	・少品種多量から多品種少量まで、幅広い用途に対応したシステムの構築が可能 ・オーダーごとに出荷処理を完結できる ・ピッキング歩行距離は可能な限り短く設定する必要がある
種まき式	複数の種類の商品をまとめてピッキングして後で配送先ごとに仕分けを行うバッチピッキング方式	・出荷数が少なく二重チェックが必要な在庫管理などにおいて優れている

摘み取り式と種まき式

摘み取り式

保管エリアから納入先ごとにピッキング作業を行う

種まき式

フォークリフトなどで保管エリアからいったん商品を仮置きエリアに移し、そのうえで、商品別に各納入先に分配作業を行う

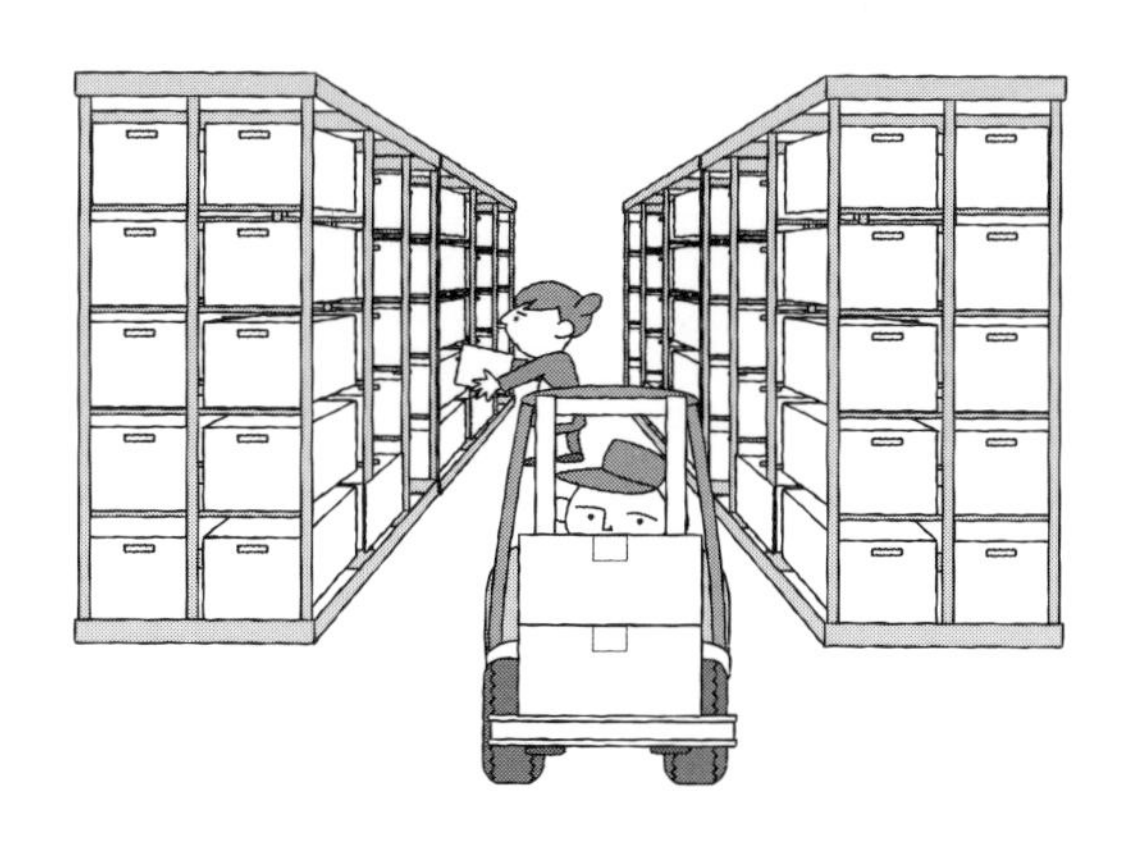

15 仕分けの基本を理解

注文別、納入先別に迅速かつ正確に仕分け

仕分け（ソーティング）とは送り先情報などがある品物をその品物の形状、寸法、重量、目的、納入先、注文別、顧客別など、それぞれの情報に基づき、決められた位置にまとめることです。

物流センターの具体的な業務の流れのなかで考えると、格納・保管されている品物が出荷依頼、ピッキング作業、梱包作業のあとで、仕分けが行われ、配送方面別、納入先別に整理されることになります。ちなみにピース単位の細かいソーティングのことを小分けと呼んでいます。

仕分けのやり方は手仕分けとソーター仕分けに分けられます。必ずしも小規模なセンターでは手仕分け、大規模なセンターではソーター仕分けを行うというわけではなく、物流センターの規模にかかわらず、必要に応じて取扱い品目の物量などに応じて、両者を使い分けることが多いようです。

これは小ロットの場合、機械よりも手仕分けのほうが逆に効率が良くなることがあるからです。ただし、手仕分けの場合、どうしてもソーター仕分けに比べ、誤出荷などのリスクは高くなります。また、大ロットの仕分けには時間がかかってしまいます。

単純にどちらが良いと決めつけるのではなく、取り扱う品物の物流特性を十分に見据えて、適したほうを選択するようにしましょう。

多頻度小口型の物流、ピーク時の物流量が非常に多い物流などには高速のソーターが使われます。

ソーターの導入にはかなりのコストがかかります。またソーターの設置位置が悪いと、作業者、フォークリフト荷役の流れが非効率になります。しかもいったんソーターを設置すると、簡単には取り除くことはできません。どの位置にソーターを設置するかは事前に十分な検討を行う必要があります。

- 配送方面別、納入先別に物品を仕分け
- ソーターの導入で作業効率を改善

仕分けのポイント

主なソーターの種類

種類	解説
ベルトソーター	トラックターミナル、流通型倉庫などで一般的に使われる。重量品などの迅速な仕分けにも効果を発揮する。
チルド対応型ソーター	冷凍・冷蔵食品、アイスクリームなどの仕分けに用いられる。冷凍ソーターともいう。
スライドシューソーター	搬送品を迅速かつ円滑に押し出し仕分けする。

ベルトとベルトの間にある分岐装置により、段ボールなどが仕分けされる

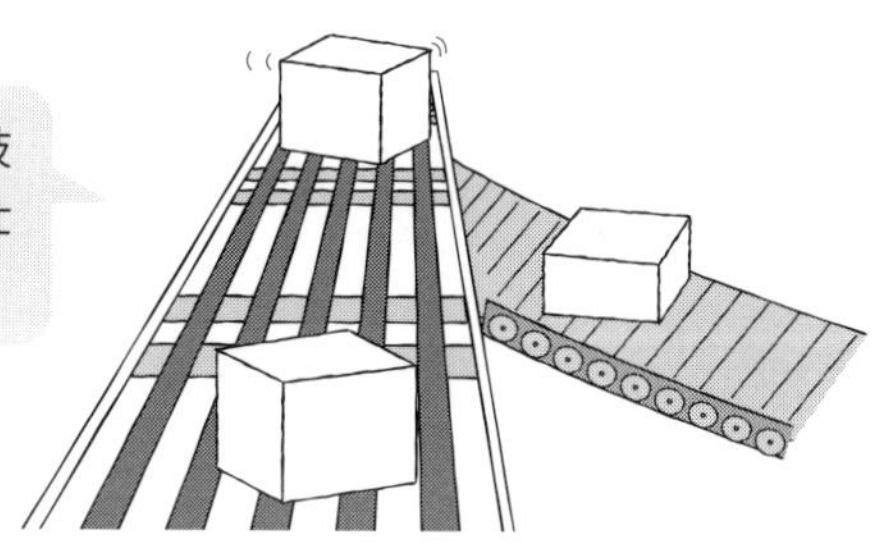

ベルトソーター

チルド対応型ソーター

チルド商品の仕分けに用いるバッチピッキングのあとでソーターで自動仕分けを行う

複数のシューがスライドにすることで物品を押し出し、仕分けする方法

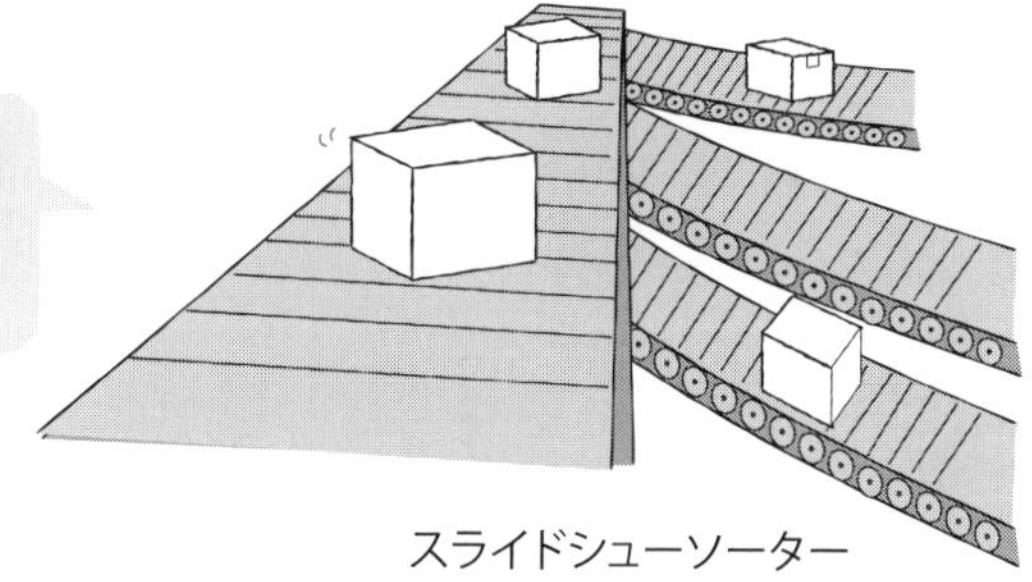

スライドシューソーター

16 流通加工の基本を理解

流通加工とは物流センターなどで行われる加工作業

LEVEL ☆☆☆

流通加工とは物流センターなどで行われる加工作業です。商品の値札付けや、梱包などの作業になります。生産段階で行っていた商品の加工を物流センターで行うことで、リードタイムの短縮なども可能になります。

たとえば、服などのアパレル商品の値札付けの作業を生産工場ではなく、物流センターで行います。あるいは化粧品箱の詰め替え作業なども物流センターで行うことがあります。

ロジスティクスの高度化により、物流センター内での流通加工の重要性はますます高まっています。

流通加工の有無、あるいはその形態は物流センターの立地、レイアウトなどに大きく影響します。

流通加工の有無でパート、アルバイトなどの物流センター従業員数も大きく変わります。また従業員の作業や商品知識に関する研修なども重要なポイントになります。検査基準を厳格に守っての検査やマニュアル通りの作業プロセスの順守が必要になることも少なくありません。熟練した流通加工の作業員を確保することが重要となるわけです。

物流拠点の集約などを進めると、通勤条件が変わります。熟練作業員が大量にやめてしまうというリスクも計算しなければなりません。

物流効率について考えると、輸送、保管、荷役についてはは改善が進んでいます。しかし、流通についてはこれまで制度的、体系的な改善は行われていませんでした。それゆえ流通加工は「物流改善の未知の領域」として注目を集めています。たとえば商品梱包などを流れ作業ではなく、セル生産方式で行うことで効率化を図る企業も増えています。

また、暖房費を節約するために流通加工作業を物流センターの中間階で行うなどの工夫も必要です。

- 物流改善の未知の領域として注目を集める
- 拠点集約には流通加工の作業員の確保も重視

流通加工の概要

商品の値札付けや、梱包などの作業。生産段階で行っていた商品の加工を物流センターで行うことでリードタイムの短縮なども可能になる

流通加工の効果

〈荷主サイド〉
- 工場や店舗でかかる作業時間、作業コストを短縮

〈物流事業者〉
- 高付加価値による物流サービスの差別化
- 顧客（荷主）企業ごとのカスタマイズ化の実現
- 迅速で高品質なサービスの提供

流通加工を行うにあたっては、作業基準を定めたり、作業者に研修を行わせたり、商品知識を修得させたりしなければならないことも多い

用語解説　セル生産：ベルトコンベアをなくし、少人数で一つの商品をつくり上げる生産方式。サプライチェーンマネジメント（SCM）との相性もきわめてよいとされている。

17 荷役効率化に必要な包装・梱包の適正化

パレットなどの物流容器の活用もポイント

LEVEL ☆☆☆

適切な包装・梱包を行うことは物流センター内外での荷役効率を向上させます。また物流コストについても余計な負担がかからなくなります。同時に物品を輸配送中などで発生するリスクのある破損、汚損から守るという役割もあります。

適切な梱包を行うためには、品物の大きさ、形状、重量、さらには物流プロセスにおける輸送振動・衝撃などの物理的変化や、温度・湿度などによる化学変化のリスクなどについてもチェックします。

また、マテハン機器や物流情報システムなどの仕様に左右されることも少なくありません。

たとえば物流センターで長期間、保管されたり、輸送距離が長くなったりする場合には、比較的、しっかりした梱包が必要になります。なお壊れやすい製品や精密機器などは外部からの衝撃を防ぐために緩衝材を使用します。輸送。保管、荷役などの際に傷んだり、壊れたりしないように注意が必要です。

反対に多頻度小口ですぐに出荷するという物品の場合、頑丈すぎる梱包は不便になるでしょう。

また、アパレル製品などの場合、段ボールを使うか、プラスチック製などのリターナブルボックスを使うか、ハンガー物流にするかで荷姿は大きく異なってきます。同じ製品を扱う場合でも物流戦略が異なれば梱包の方針や荷姿も異なってきます。

物流センターで梱包作業が行われることも少なくありません。この場合、別々にそれぞれタイムラグを持って入荷した複数の物品を同一の出荷先に出すといったケースが想定されます。出荷依頼に基づいて、複数の物品の荷合わせを行い、同一の段ボール、通箱などに梱包するといった具合で処理されま

- 品物の大きさ、形状、重量に配慮
- 物流センター内の梱包作業を標準化

す。パレットなどの物流容器の活用もポイントです。

梱包の出来、不出来はトラックに積み込む際の積載効率に少なからず影響を及ぼします。荷姿の標準化を推進し、ムダやムラのない梱包を行うことが物流効率の向上に大きく寄与することにもなるのです。

なお、長尺物や特殊な形状をした機器などは荷姿をどのようにするかという点で頭を使うことが少なくありません。十分な梱包をすると積載効率に影響するけれども、簡易的な梱包では、物品が破損するリスクが出てくることもあります。物品の特性を十分に考えつつ、最適な梱包を実現するのは決して容易なことではないのです。

18 保管・格納を可視化するロケーション管理の導入

現品管理を正確に実施

LEVEL ☆☆☆

ロケーション管理とはロケーション番号を棚間口ごとに設定し、ゾーン、棚番号、通路番号などをアルファベットと数字を用いて指定し、その所在を明らかにする管理方法です。

ロケーション管理によって、作業効率を上げることができます。また商品知識の少ない作業員が的確に業務を遂行できるようになります。

ロケーション管理がきちんと行われていない物流センターは、ロジスティクスの基本の部分で大きな問題と課題を抱えているといえましょう。

ロケーション管理には商品ごとに保管位置を登録する保管エリア向けの「フリーロケーション」、商品ごとに保管位置を指定できるピッキングエリア向けの「固定ロケーション」（フィックスドロケーション）に大別できますが、中間的な方策である「ゾーンロケーション」が採用されることもあります。

フリーロケーション管理では空いた任意のスペースに商品を順次格納していきます。入庫・格納の早い順番に出荷することが容易で先入れ先出しを効率的に行うことが可能になります。大規模な在庫を抱える巨大ネット通販会社の物流センターなどではフリーロケーション管理が行われています。

固定ロケーション管理では物品別に格納エリア、保管エリアを設定します。現品管理を正確に行うことができます。物品の出荷頻度にムラがなく、在庫品の特性に変化がない場合は固定ロケーションが使われます。

ゾーンロケーションとは、あるエリアに関連品目群を固定的に集約しますが、そのエリア内ではフリーロケーションを採用するという管理方法です。自動倉庫との組み合わせなどで採用されるケースが

●ゾーン、棚番号、通路番号などで管理
●現品管理を正確に実施

ロケーション管理の種類と機能

ロケーション番号を棚間口ごとに設定し、ゾーン、棚番号、通路番号などをアルファベットと数字を用いて指定し、その所在を明らかにする管理方法

ロケーション管理

フリーロケーション

任意のスペースに商品を順次格納する。入庫・格納の早い順番に出荷することが容易で先入れ先出しを効率的に行うことが可能になる

固定ロケーション

あらかじめ決められているスペースに物品別に格納エリア、保管エリアを設定する。「どこにどの物品があるのか」ということが明確にわかり庫内の見える化を推進

ゾーンロケーション

あるエリアに関連品目群を固定的に集約し、そのエリア内ではフリーロケーションを採用するという管理方法。自動倉庫との組み合わせで採用されるケースが多い

多くなります。

どのようなロケーションにするかは取り扱う品物の物流特性によって異なります。

ロケーション管理を行うということは、庫内のすべての物品が所属先となる「住所」を持つということです。物品がどこにどのように保管されているかを把握することによって、作業効率は格段に向上します。

なお、繰り返しになりますが、ロケーション管理を行うにあたっては、物品の出荷頻度を十分考慮する必要があります。また、出荷頻度や保管アイテムのラインナップは、常に一定ではありません。したがって定期的にロケーションの状況を見直すことも重要になってきます。

19 棚卸管理の基本を理解

在庫精度を可能な限り向上

LEVEL ☆☆

棚卸がしっかり行われていなければ商品をきちんと管理することはできません。棚卸作業は商品管理を行ううえで、最も大切な作業の1つです。

棚卸は期末などの時点での在庫量の確定が最大の目的となります。

帳簿上の在庫数と現場での在庫数（実在庫数）と合っているかを、実際に検証する作業のことを実地棚卸といいます。実地棚卸には一斉棚卸法と循環棚卸法があります。

一斉棚卸法は「日程を決めて一度に棚卸を物流センターなどで行う」というやり方です。棚卸責任者や棚卸監査人などを選任して行うことが多くあります。

循環棚卸法は一斉に棚卸を行うのではなく棚卸の範囲を限定し、たとえば毎月少しずつ行うといった具合に棚卸の総量を調整するやり方です。なお棚卸データは記帳や手入力ではなく、商品のバーコードをハンディターミナルで読み取り、集計されるようになってきています。

実地棚卸と並行して、帳簿による棚卸（帳簿棚卸）を行う必要もあります。製品などの受け払いのたびにその数量を記録するのです。

そして実地棚卸と帳簿棚卸の間に差異があれば調整する必要があります。これを棚卸差異調整といいます。また在庫差異点数を棚卸総点数で割った比率を在庫精度（在庫差異率）といいます。一般に在庫差異率が0.1以上の場合は緊急に改善しなければならないでしょう。

在庫精度を上げるためには、綿密な棚卸を実践する必要があります。そのためには在庫管理をリアルタイムで行える情報システムの導入も一策です。入出庫作業に際して、商品と入出庫ロケーションを記

- 棚卸責任者を選任して在庫管理を徹底
- 在庫差異率を徹底的に低減

実地棚卸の種類

実地棚卸

帳簿上の在庫数と現場での在庫数（実在庫数）と合っているかを実際に検証する作業のこと

一斉棚卸法

日程を決めて一度に棚卸を物流センターなどで行う。棚卸責任者や棚卸監査人などを選任して行うことが多い

循環棚卸法

棚卸の範囲を限定し、たとえば毎月少しずつ行うといった具合に棚卸の総量を調整するやり方

期末などの時点での在庫量の確定が最大の目的！

商品がいつまでも物流センターに眠っていては新商品の開発なども遅れがちになる！

録し、実地棚卸作業を効率的に行うことをサポートするのです。棚卸作業を簡素化することが可能になります。

棚卸をしっかり行うことで、物流センター内にどのような物品がどれくらいの量で、どれくらいの期間にわたり保管されているのかが、可視化されます。また「入荷しているはずなのに存在しない物品」や「入荷していないはずなのに存在する物品」「出荷したはずなのに出荷されてない物品」などが見つかることもあります。いずれも現代物流センターとしては、「あってはならないこと」ですが、きちんとした棚卸管理を行うことで、こうした奇妙な現象も防ぐことができるようになるのです。

20 保管レイアウトを入念にチェック

横持ち荷役の解消を実現

LEVEL ☆☆☆

物流センターや店舗の保管レイアウトのポイントは4つにまとめられます。

①高頻度の出荷品目などの動きの激しい商品は入出庫しやすい場所に置く

②大きさ、形状、重量などの物理的に類似した商品はできるだけまとめて保管する

③温度・湿度などの条件を考慮して保管

④類似品・関連商品はまとめて保管

なお、荷動きの頻度によって保管位置も保管方法も変わってきます。物流センターの場合、作業しやすいラックの位置は人手を用いる場合は腰の高さ、フォークリフトを活用する場合には最下段となります。出荷頻度の低い商品は最上段に保管し、人手によるピッキングで処理します。入出庫口を分離し、入庫貨物と出庫貨物が交錯し混乱しないようにすることも大切です。

庫内レイアウトの設計にあたり、「横持ちを極力減らす」ということも重要になってきます。

横持ちとは物流センター内などの同一拠点内で諸事情からやむを得ず行われる搬送作業のことです。物品の移動が最短距離を経由せずに行われ、その目的が明確でないケースが多くなります。その結果、横持ちという言葉は否定的なニュアンスで使われることが多くなります。そして横持ちが多いということは在庫にムダがある恐れもあります。

したがって、横持ちがないように最短距離での物品の移動を推進することが在庫削減にもつながります。重複する倉庫などの物流拠点を集約化し、在庫削減を進めることで横持ちの多くが解消されるというわけです。ちなみに「縦持ち」という語が使われることもあります。これは物流センター内などをエレベータや垂直搬送機などを用いて製品を移動させ

●高頻度出荷品は出荷バースの近くに保管
●作業効率を考えて保管レイアウトを設計

横持ちの問題点

横持ち

（同一拠点内移送）

横持ちとは同一地域、同一拠点内で諸事情から行われる搬送、輸送移送作業

在庫にムダが多く、必要以上に仮置き場や外部倉庫などを構えていると多くなる

横持ちがないように最短距離での物品の移動を推進することが物流コスト削減につながる

- 頻繁に出荷される製品が出荷バースから離れた場所に保管されていれば、保管エリアから出荷バースへの頻繁な搬送が必要になる
- 外部倉庫に保管されている場合、搬入の手間や輸送コストが膨らむ

ることです。必要以上の縦持ちの解消を図ることも効率的な庫内保管レイアウトの設計につながります。

ちなみに「横持ちの温床」ともいえるのが仮置き場です。必要以上に広い仮置き場や、必然性がないのに設けられた仮置場には、本来ならばすみやかに運搬されるべき物品が滞留する恐れがあります。さらにいえば本来は仮置きのはずなのに、気がつけば常時、物品が置かれているようなこともあります。仮置きを何気なく見過すのではなく、「その仮置場は本当に必要なのか」ということを常に考えることにより、横持ちも減少していく可能性が高いのです。

21 物流センターの在庫管理の基本を理解

物流センター業務で原則となる先入れ先出し法

LEVEL ☆☆☆

先入れ先出し法とは、物流センターに保管した物品を出庫する際に、先に入庫されたものから順番に取り出す方法です。「物流センターへの入荷順に出荷していく」という方式です。

保管が長期に渡れば、物品によっては品質が劣化する恐れもあります。そこで「物流センターに先に到着し、格納・保管している物品から順番に出庫、出荷する」ことでそのリスクを最小限に抑えるのです。商品管理においては基本的な考え方ですが、物流センターでも徹底されることになります。

もちろん品質劣化だけではなく、季節波動や流行波動の大きい商品についても先入れ先出しによってタイムリーな出荷を実践することが可能になります。

なお、先入れ先出し法を念頭に保管を行う際、平積みよりもラック保管が作業をしやすくします。平積みでは下積みとなった物品から取り出す際に一度、上に乗っている物品を動かさなければならなくなるからです。そこで入庫、格納、出庫といった一連の作業をスムーズに行える流動ラックを活用するのが効果的になるケースが少なくありません。

パレット直置き保管で先入れ先出しを行う場合は製造ロット番号を確認し、古い番号から順に出庫します。異なるロット番号の製品を混ぜて保管しないように区画を変えて格納するなど、注意しなければなりません。なお、対義語としては先に入庫させたものを奥に入れ、後から格納したものから取り出す「先入れ後出し法」があります。ただし、先入れ後出し法では商品などの保管期間にばらつきが生じて、品質劣化をまねく危険が出てきます。家電などの場合、「新型を出荷したあとに旧型を出荷する」というリスクも出てきます。特殊な理由がない場合

●ラック保管の導入で円滑な先入れ先出し法を導入
●タイムリーな出荷が可能な庫内オペレーション

先入れ先出し法と先入れ後出し法

品質管理、在庫管理の基本

先入れ先出し法

倉庫などに保管した製品などを出庫する際に、先に入庫されたものから順番に取り出す

品質劣化の防止
タイムリーな出荷
保管効率の向上
円滑な在庫管理システムの構築

流動ラック、自動倉庫などの導入で先入れ先出し法を推進！

特殊な事情がない限り、回避するのが望ましい！

先入れ後出し法

先に入庫させたものを奥に入れ、後から格納したものから取り出す

デメリット

品質劣化のリスク
新旧モデルの混同のリスク
保管期間にばらつき

固定ラックを使わない段ボールなどの高積み、段積みなどは、先入れ先出し法を実践するうえでの大きな障壁となる！

は物流センターでは避けることが賢明でしょう。

さらにいえば、近年の物流センターでは先入れ先出しの原則が厳密に守られているところが増えています。そのため、万が一、営業などの意向で「どうにも最新のものを顧客がほしがっている」として、先入れ先出しの原則を無視して、後から入荷した物品を取り出すと、物流センターの緻密なオペレーションが大きく狂って、取り返しのつかない事態を招くリスクもあります。現代物流センターでは、保管機能以上に流通加工機能や荷役機能の円滑化が要求されます。庫内のモノの流れが滞ることを防ぐためにも先入れ先出し法の導入と活用は不可欠となるのです。

COLUMN

物流センターの日次計画

物流センターの日次計画（タイムスケジュール）については入荷業務、出荷業務を軸にタイムスケジュールを作成します。

たとえば、午前7時から午後21時までの時間帯について1時間ごとに、どのような業務が行われることになるのかを表にまとめ、それに基づき人員配置を行います。物流センターの従業員全員がどのようなタイムスケジュールで行動するのか情報を共有できるようにします。

タイムスケジュール表の項目は入荷業務、出荷業務などのセクションごとに整理します。

入荷関連業務については、入荷作業、入荷検品、返品処理、棚入れ（格納）、在庫、棚卸しなどを主たる項目とします。出荷関連業務については、受注業務、出荷指示、ピッキング、店別仕分け、納品書・納入明細書、値札付け、物流ラベル、出荷検品、梱包、配車、送り状、出荷待機、積込み、配送、出荷確認、棚補充などについてタイムスケジュールを作成します。なお、人員配置については、たとえばピッキングリストの枚数など、業務状況をヒヤリング調査などで把握、分析し、適正な人員数となるように工夫しましょう。

ピッキング総人数、検品総人数、梱包総人数などを日次レベル、月次レベルで押さえておきます。時間帯別の入荷量、出荷量を把握しておけば、作業人員数を予測することが可能になります。

日々の出荷データ（出荷指示書行数、出荷ケース数、送り状の枚数など）や入荷データ（入荷検品行数、入荷ケース数など）については日報にまとめます。月ごとに平均値、最小値、最大値を記録し、作業のムラをなくすための平準化したり、ピーク時に対応できる体制を整えたりすることができるようにします。

第3章

物流センター業務の高度化

22 パレットの活用で物流センター業務を円滑化

物流容器の効果的活用で荷役効率を向上

LEVEL ☆☆

物流センター業務を円滑に運営するためには物流容器の特性を十分理解し、効果的に活用していくことが必要です。

まずはパレットについて知識を整理しておきましょう。物流センター内の荷役や保管にパレットは欠かせません。パレットはフォークリフトなどと組み合わせて活用することで、その機能を増幅することが可能です。パレットの材料には木製、プラスチック（樹脂）製、金属製、紙（段ボール）製があります。

①木製パレット（木パレ）：頑丈でコストもかからないのですが、湿気に弱く木くずが出やすいなどの欠点もあります。

②プラスチック製パレット（プラパレ）：「木くずが出ず軽く、しかも腐らない」「釘が出ることがない」などのメリットがあります。そのためコストパフォーンマスが高く、多用され始めています。

③金属製パレット：スチール（鉄）、アルミニウムなどが用いられます。パレット自体のコストは高くなりますが、「強度があり長持ちする」「寸法や重量が常に一定で荷役がしやすい」などのメリットがあります。

④紙製パレット：環境武装を意識して用いられることが多いようです。

なお、パレットには保管機能もあり、平置きではパレットを利用し、その上に商品を置く方式がとられています。

パレットの形状から分類することもあります。

平パレットの種類：二方差しパレット、四方差しパレット、けたくり抜きパレットなど

このほかにボックスパレット、シートパレットなどがあります。

●パレットの機能を理解
●入出荷管理の省力化を実現

平パレットの種類

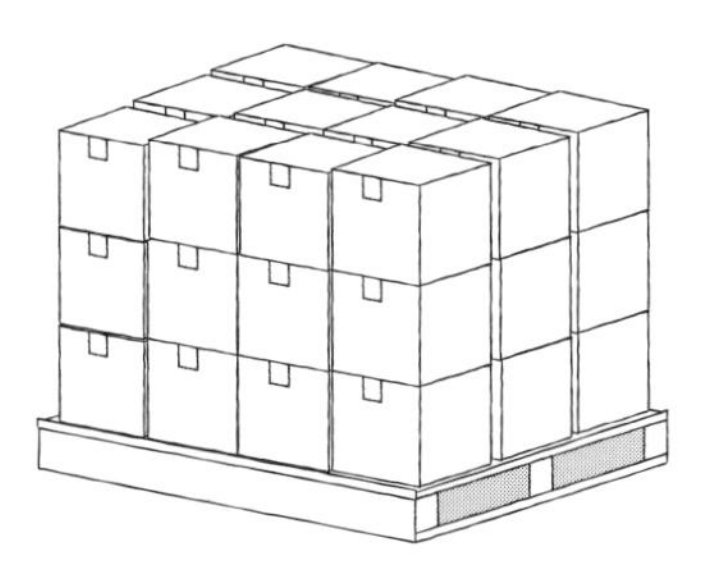

貨物が積まれた二方差しパレット

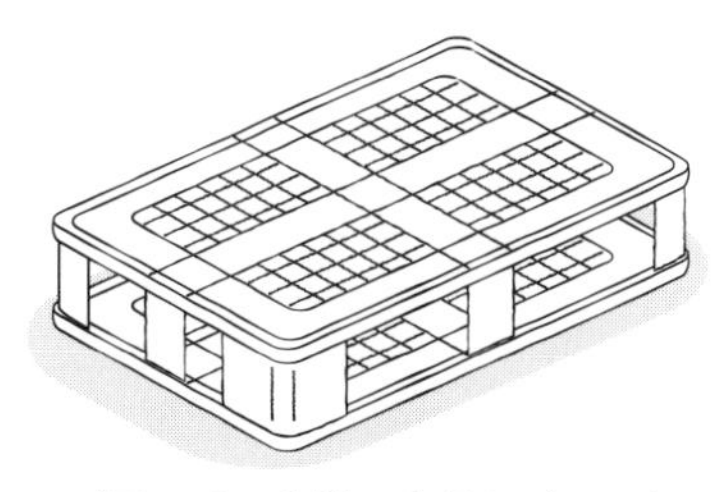

プラスチック製四方差しパレット

パレットの特性と活用効果

パレットに貨物を積むことにより、保管効率、輸送効率、荷役効率を向上させることができる。

またパレットをICタグで管理することで、入出荷管理や在庫管理などの省力化、効率化を実現することが可能である。物品の特性を考慮して、多種多様なパレットを用途に応じて効果的に活用するように努めたい。

材質の種類

木製、プラスチック（樹脂）製、金属製、紙（段ボール）製など

包装以外の機能

保管機能もあり、平置きではパレットを利用し、その上に商品を置く方式がとられることが多い

パレットの特性をきちんと理解して活用するのだ

木製パレットは、用途次第で、くん蒸処理が必要な場合もある

23 ラックの活用で庫内オペレーションの効率化を実現

保管効率の最大化を達成

LEVEL ☆☆

ラック（棚）の選択が物流センター全体のオペレーションに大きな影響を与えるということは少なくありません。出荷頻度などを十分に考慮したうえでラックの選択をしなければなりません。ここではそのための知識を整理しておきましょう。

ラックの設置にあたっては入出庫に際してラックが大きく揺れたり、ラックに歪みやガタツキが生じたりすることがないように十分注意します。ラックが歪んでいる場合、レイアウトを変更しても組み立て直すことが難しくなります。

ラックには一棚当たり500kgを超える重量ラック、150kg超500kg以下の中量ラック、150kg以下の軽量ラックがあります。

主なラックとしてはパレットラック、移動ラック、流動ラック、回転ラックなどがあります。

①パレットラック：パレットに積載された物品の保管などに用いられる通常のラックです。

②移動ラック（モービルストレージラック）：棚がレールに乗っていて移動できるラックです。わずかな保管面積に多くのラックを設置できるので、保管効率を高める必要がある都市部の小規模な物流倉庫などに向いています。入出庫時にラックを移動させることができます。

③流動ラック（フローラック）：荷受レールの代わりに入庫側から出庫側にローラーコンベヤがあり、パレット貨物を移動できる流動的に作られたラックです。通路数を少なくし、作業者の移動距離を短くできます。

④回転（カルーセル式）ラック：水平式、あるいは垂直式に回転するラックです。スペースを大幅に節約できるので、多品種の軽量、小物を集品するのに優れています。

POINT
- 流動ラックの導入で作業者の移動距離を短縮
- パレットラック、回転ラックを上手に活用

主なラックの種類と特徴

固定ラック、移動ラック、回転ラック、流動ラックなどがある。
ラックを用いることで保管効率を向上させ、庫内荷役を効率化できる。

パレットラック

パレットに積載された物品の保管などに用いられる

移動ラック

棚がレールに乗っていることで可動式となっている。保管効率向上の効果が大きい

回転ラック

棚が回転することで多品種、小物を効率的に保管することができる

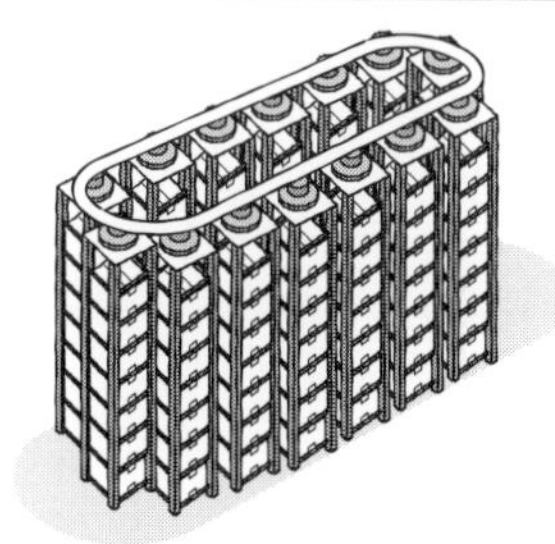

流動ラック

パレット貨物などを流動的に管理できるため、先入れ先出しなどをスムーズに実践できる

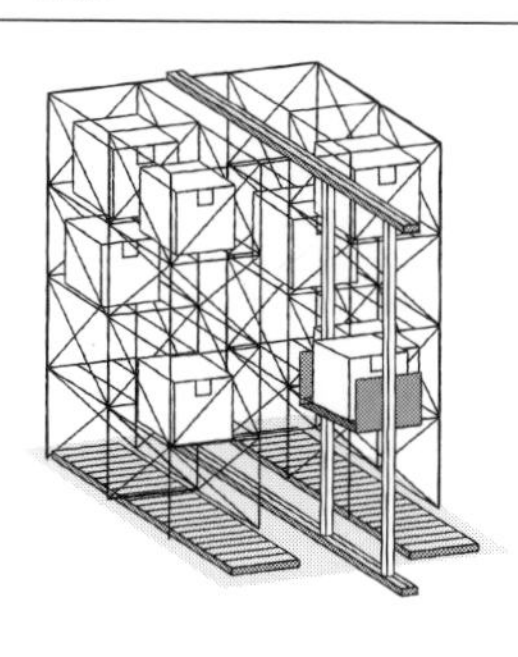

24 自動倉庫、コンベヤを上手に活用

ＩＴシステムとの連動で入出庫を円滑化

LEVEL ☆☆

マテハン機器、ＩＴシステムと連動して物品の入出庫、格納・保管を自動化した保管機器が自動倉庫です。

物流センターなどでは工場などから商品が到着することを受け、入荷、入荷検品が行われ、そのうえで商品が保管されます。商品はラックや立体自動倉庫などに格納されます。ついでコンベヤやフォークリフト、あるいはエレベータや垂直搬送機などを用いて商品は搬送されます。

主な自動倉庫として、スタッカークレーン式とカルーセル式があります。

①スタッカークレーン式自動倉庫：スタッカークレーンを用いて入出庫口、保管ラックにアクセスするタイプの自動倉庫で広く一般に使われています。棚数、取扱量などを用途に合わせて設定することができます。

②カルーセル式自動倉庫：横型カルーセルと縦型カルーセルがあります。入出庫頻度が高い場合に使われ、処理能力が優れていますが、荷姿が限定されるなどの制約も多くなります。縦型は小物で比較的、入出庫頻度も低いものにも使われます。

自動倉庫とのリンクという視点からコンベヤについてもあわせて基本知識を整理しておきましょう。

コンベヤにはベルトコンベヤとローラーコンベヤがあります。ベルトコンベヤはケースに加え、バルクもの（個々の物品）などの搬送に適しています。

一方、ローラーコンベヤはケースなどを運ぶのにも適しています。駆動式と手動式のものがあります。

ベルトコンベヤやローラーコンベヤの延長線上にはソーター（自動仕分け機）などが置かれます。コンベヤの動線で物流効率も大きく変わることになります。

- 自動倉庫の活用で保管効率を向上
- ベルトコンベヤとローラーコンベヤの活用

自動倉庫、コンベヤの概要

自動倉庫にはスタッカークレーン式とカルーセル式などがあり、効率的に格納・保管できる。

自動倉庫

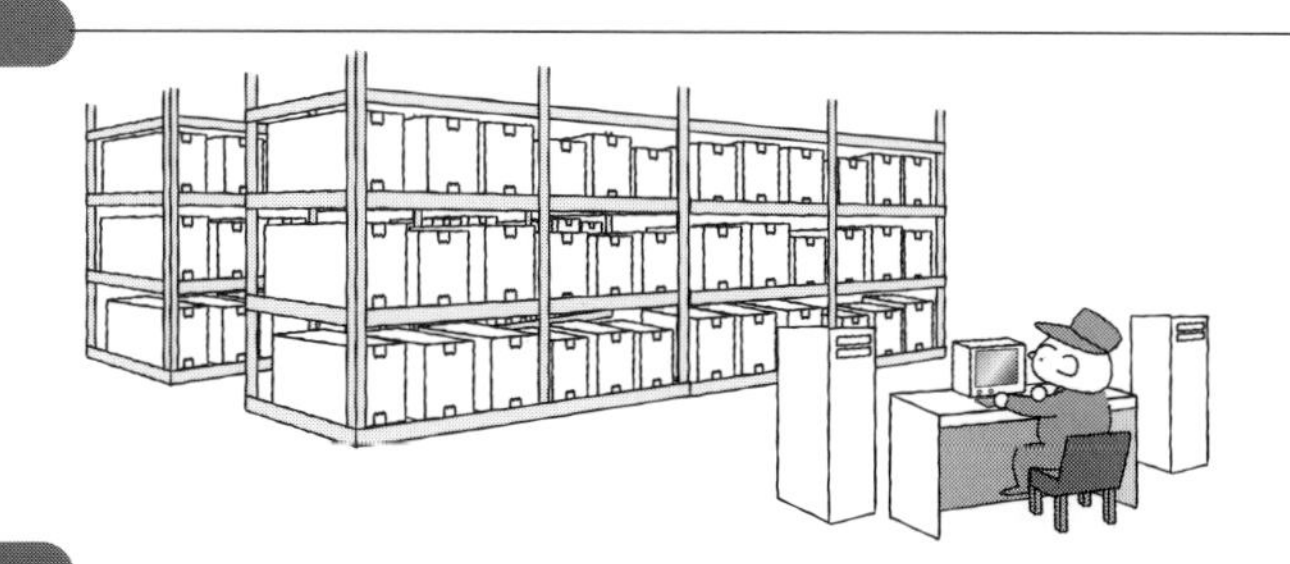

コンベヤ

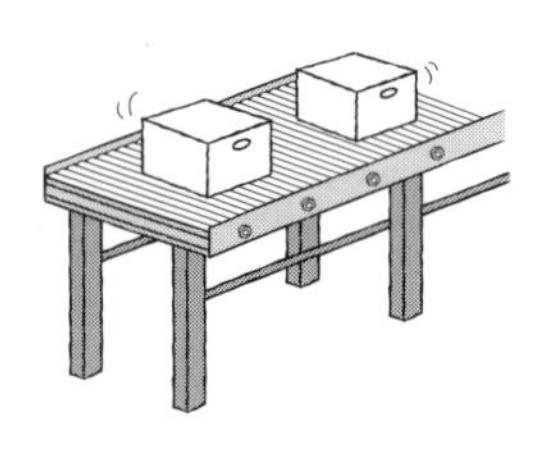

ローラーコンベヤ

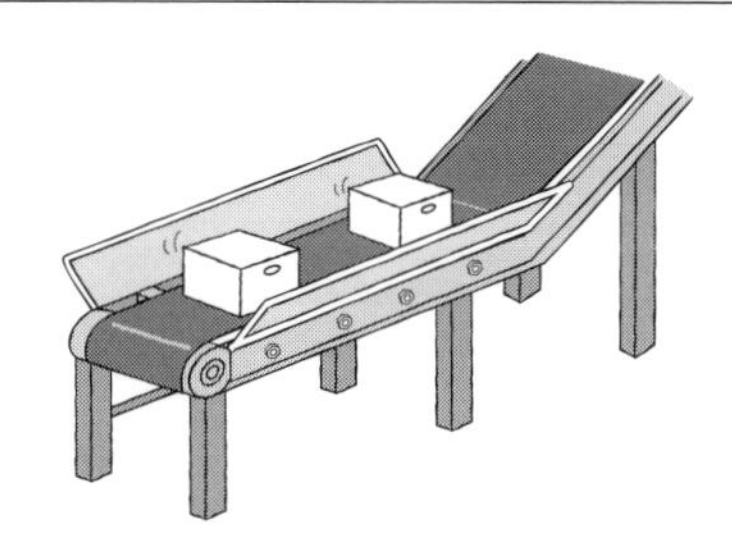

ベルトコンベヤ

マテハン機器の導入効果

入出庫、格納、ピッキングなどの場内、庫内の諸作業の自動化、省力化を推進

一連の荷役作業を機械化することで人件費の削減や作業スペースの節約、保管効率の向上などが可能となる

25 デジタルピッキングシステムの活用

ランプ指示に従い、作業を実行

LEVEL ☆☆

ピッキング作業はピッキングリストをもとに庫内の指定された物品を取り出す作業です。伝票やピッキングリストを見ながらの物品の取り出し（ピックアップ）には時間や人手がかかりますし、ミスが出ないともかぎりません。

そこである程度のピッキング規模となれば考えなければならないのはデジタルピッキングシステム（DPS）の導入です。

バーコード管理などを行っている物品が保管されている棚に、デジタル表示のランプが設置され、ピッキングに際して点滅などで指示を出します。作業者は、ランプ指示に従い、物品と数量をピッキングします。

DPSを導入することで作業は初心者でも簡単でミスなく、迅速にピッキングが行えます。作業者は、物品探しに時間がかからず、ピッキングリストの確認などの手間も省けることになるわけです。ペーパーレス化が実現でき、作業にかかる時間も短縮されます。

すなわち、ピッキング作業の難易度が下がり、負担が減ることで作業者のストレスが少なくなるのです。そしてその結果、作業者の定着率も向上します。

なお、ストック型物流センター（DC）向けなどのオーダーピッキング（摘み取り式）対応のDPSのほかに、近年は、仕分け作業（種蒔き方式）対応のデジタルアソーティングシステム（DAS）も盛んに導入されています。

DASは出荷先ごとの仕分け作業に使われることが多く、仕分け棚の表示器が点灯したパネルに表示される個数の物品を仕分けしていくので、仕分けリストを確認する手間を省くことができます。

- ピッキングリスト確認の手間を省く
- 作業者ストレスを大幅に低減

デジタルピッキングシステムのしくみ

デジタルピッキングシステム（DPS）

バーコード管理などを行っている物品の保管されている棚にデジタル表示のランプが設置され、ピッキングに際しては、点滅などで指示を出す

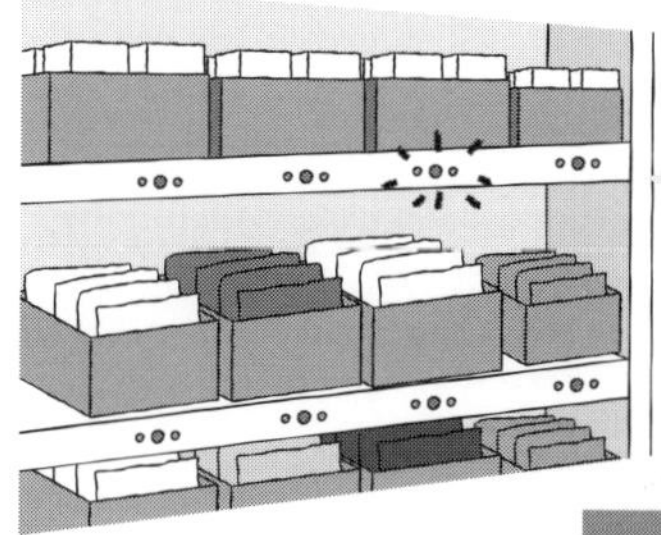

作業者はランプ指示に従い、物品と数量をピッキングする

導入のメリット

- 作業初心者でも簡単でミスなく、迅速にピッキングが行える
- 作業者は、物品探しに時間がかからず、ピッキングリストの確認などの手間も省ける
- ピッキングリストがなくなることでペーパーレス化が実現でき、作業にかかる時間も短縮される

主としてストック型物流センター（DC）向けなどのオーダーピッキング（摘み取り式）対応

作業者数、作業時間が大幅に低減可能
ピッキングミスが減ることにより、在庫精度が向上

26 物流センターの庫内レイアウトの基本知識

仕分けエリア、ピッキングエリアを設計

LEVEL ☆☆☆

物流センターには、入荷ホーム、製品・仕入れ商品の荷受場、荷捌き場、検収・解梱場、製品保管場、ピッキングなどの集品作業場、流通加工（プロセスセンター）機能、梱包作業場、梱包資材置き場、仕分けエリア、ピッキングエリア、出荷検品場、出荷ホーム、出荷積込場などが必要になります。

また事務室や会議室、応接室、さらには食堂や作業員の更衣室、あるいは洗面所、浴室なども完備していることが望ましいでしょう。さらにいえば空調設備も充実させておく必要があります。

仕分けエリアのレイアウト

仕分けエリアのレイアウトに関しては、保管型倉庫と通過型倉庫では基本的な考え方が大きく異なります。

一般に保管型センターでは、荷動きは少ないので搬送機は入出庫バースに隣接して設けられることが多くなります。これに対して流通型のセンターでは、荷動き、仕分け作業が多くなるために床面積の30～50%を荷捌き場にする必要があります。

クロスドッキング対応型、無在庫型の場合は荷捌き場が全体のほとんどを占めることになります。

ピッキングエリアのレイアウト

ピッキング通路は原則的には一方通行でレイアウトを行います。

入荷ゾーン、入庫ライン、保管ゾーン、オーダーピッキング・ライン、出庫ライン、出荷ゾーンを合理的に配置するようにします。

なお、フローラックを下段にして、その上方にケースラックをメザニン（中二階）として設備する

POINT
- 入荷ゾーンを十分に確保
- ピッキング通路は一筆書き状が基本

自動仕分け機（DAS）の導入

自動仕分け機（DAS）により配送方面別、顧客別、品目別に物品が仕分けされる。

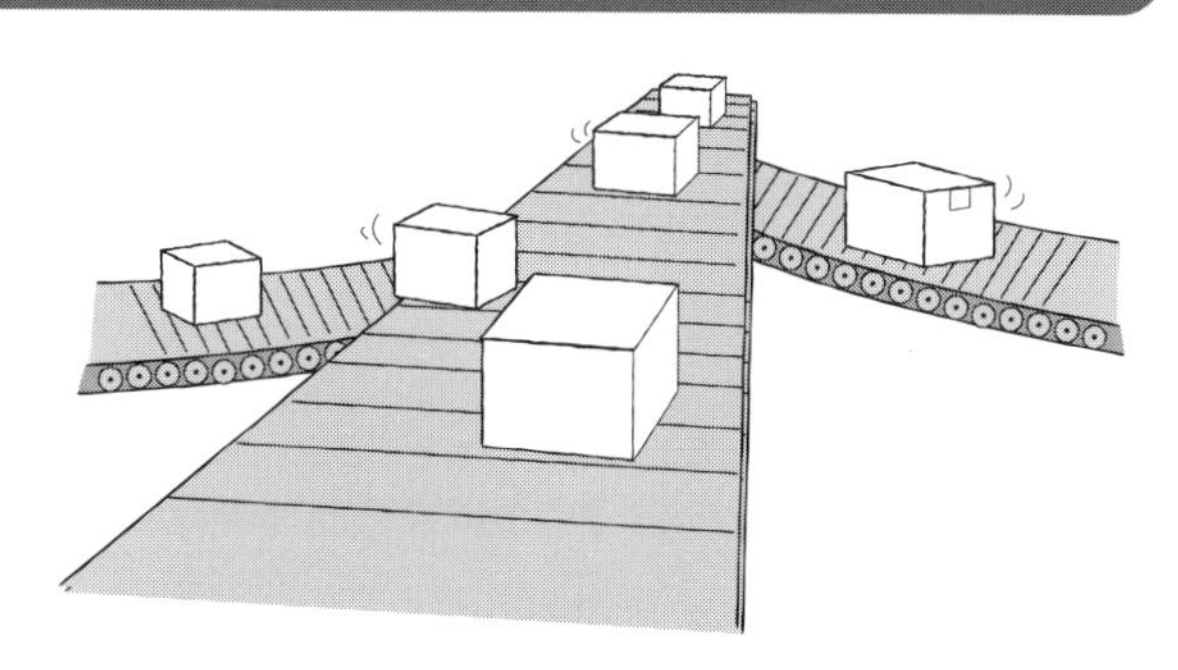

ピッキングのしくみ

デジタルピッキングシステム（DPS）

方法もあります。

パレット単位で出庫するものは出庫ラインからフォークリフトで出庫し、ケースピッキングします。パレットは出庫口で台車に移すなどします。

なお、保管スペースをストックエリアとピッキングエリアに分けて管理するという考え方もあります。ピッキングエリアをなるべく小さくすることで効率化を図るのです。この方法には、ピッキングエリアから物品を出荷した場合、ストックエリアから迅速、タイムリーかつスムーズにピッキングエリアへの補充が行えるというメリットがあります。この方法は、「ダブルトランザクション方式」と命名されています。

27 段ボールの活用

輸配送の効率化や在庫管理の合理化に寄与

LEVEL ☆☆

サプライチェーンの多種多様なニーズに対応するためには段ボールは不可欠な存在といえます。段ボールをうまく使うことで輸配送の効率化、在庫管理の合理化なども可能になります。

物流で使われる段ボールでは「才」という単位が使われることがよくあります。約30cm×30cm×30cmの立方体の体積（約0・028㎥：重量約8kg）が1才となります。また1㎡＝約35才＝約280kgで、1パレットは約75才と換算されます。ちなみに倉庫の保管料金は才当たり（段ボールケース単位）で計算される場合とパレット単位で計算される場合とに大別されます。

物流センター内の段ボールの保管方法を工夫することで保管効率が大きく向上することが少なくありません。

たとえば、段ボール箱の高積み、平積み、段積みが多くなると、非効率な荷繰りが発生してしています。また、繁忙期などに通路まで段ボールの山ができあがってしまったり、段ボールが通路まで積み上げられてしまったりすれば、通路歩行に大きな支障が出てきます。こうした場合、通路への段ボールの仮置きも避け、固定ラックを導入し、直置き、高積みを解消するようにします。

段ボールが通路をふさがなければ、通路歩行、移動がスムーズになり、ピッキングなどの作業時間や移動時間が短縮されます。また、直置きの段積みでは最下段の段ボールを取り出すのに上段の段ボールをどけなければならず、先入れ先出しの際に不都合が生じることになりますが、固定ラックを導入すれば、最下段の商品の取り出しがスムーズになります。

なお、我が国では使用済みの段ボールの90％が回収、リサイクルされています。

- 「才」単位でオペレーションを推進
- 段ボールの高積みを解消

段ボールと取扱単位「才」

「才」段ボールのイメージ

段ボールをうまく使うことで輸配送の効率化、在庫管理の合理化なども可能になる

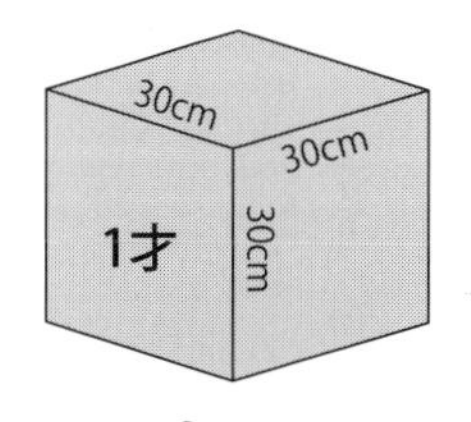

ちなみに「タテ、ヨコ、高さの各辺を2倍にすると60 cm四方の立方体となり、体積は8倍、すなわち「8才」となる

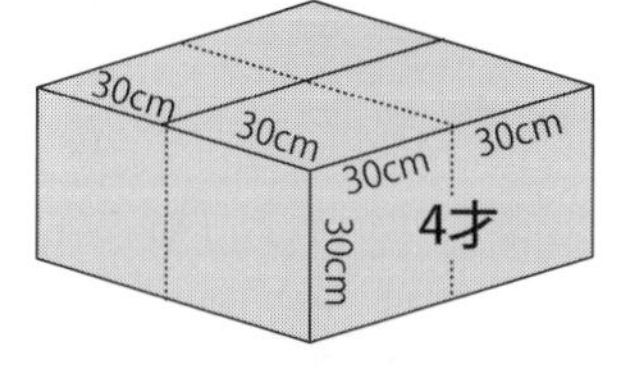

1才	0.0278m^3	8kg
35才	1m^3	280kg

段ボールの積載の目安

2トントラック

（550～700才）

4トントラック

（850～1000才）

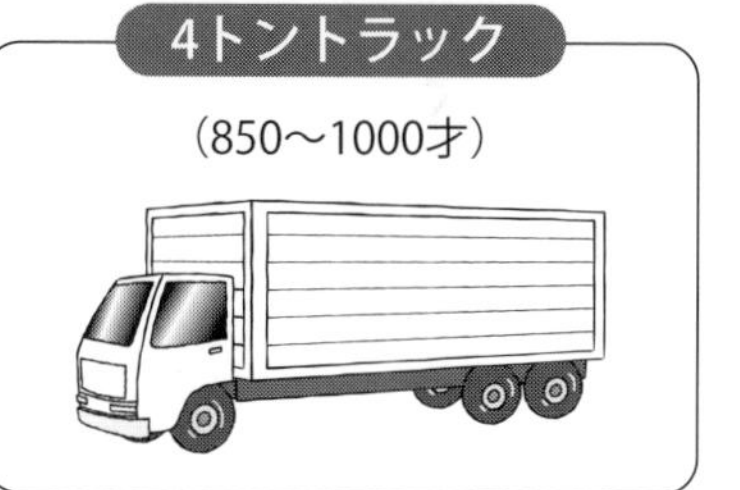

物流センター内の段ボールの保管方法を工夫することで保管効率が大きく向上することが少なくない

28 フォークリフトの活用

庫内荷役作業を効率化

物流センターの荷役の効率化を推進するためにはフォークリフトをいかに活用していくかということも大きなポイントとなります。フォークリフトは重量物の運搬作業の効率アップに不可欠で汎用性の高い物流機器です。正しい知識のもとに管理される必要があります。

一般にフォークリフトはディーゼル、天然ガス、ガソリン、あるいはバッテリーなどを動力源としています。パレットとの併用という形で作業に使われます。

なお、1トン以上のフォークリフトの運転は「フォークリフト運転技能講習」を修了した者でなければ行えないことになっています。また1トン未満でも特別の教育を受けさせせることが事業者に義務付けられています。

庫内環境を考慮してバッテリー使用のフォークリフトを使用することが多くなっていますが、バッテリーの性能や費用対効果で活用法を判断する必要があります。

というのはバッテリー使用のフォークリフトは長時間使用できないタイプのものもあるからです。また、重量の大きい水などを取り扱う場合、パワーのあるディーゼルなどが必要となることもあります。

フォークリフトは日本の物流の現場では50年以上にわたって活用されてきています。

日本で国産第1号が登場したのは、1949年のことで、現在、世界の主要フォークリフトメーカーの半数を日本メーカーが占めています。

なお、主なフォークリフトには、カウンターバランスフォークリフト、リーチフォークリフト、ストラドルフォークリフト、ラックフォークシステムなどがあります。

POINT
- パレット荷役の展開に活用
- 運転技能講習を修了し、フォークリフト運転の資格を取得

主なフォークリフト

カウンターバランスフォークリフト

いわゆる普通の「フォークリフト」。車体の後方部が積荷の重さとバランスをとり、不安定なフロアでも走行可能で機動性が高い。

リーチフォークリフト

フォークの先端よりも前方に車輪があり、小回りが効き、狭い場所での作業に向いていて、平たんなフロアの走行に適している。

ストラドルフォークリフト

車体前方に張り出したリーチレッグによって車体を安定させる。ストラドルとは、「広げて立つ」という意味で、その名の通りリーチレッグを張り出すことで重量物を安定的に運搬する。

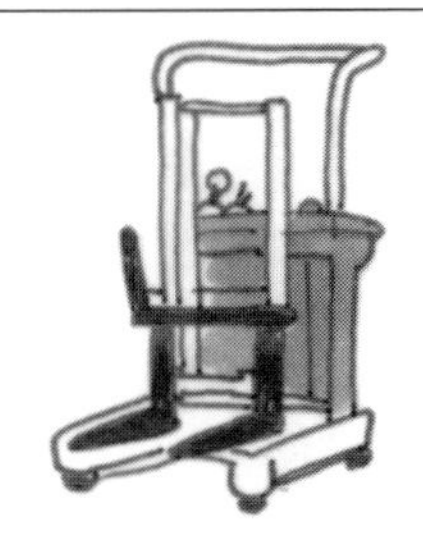

ラックフォークシステム

運転席とフォーク部分が上昇、下降し、フォーク部分がシフト、旋回するのでパレット荷役だけでなく、ピッキング作業にも向いている。

中高層ラック倉庫などにおける多品種の量品出庫作業に対応できる。

29 台車、かご車などの活用

庫内運搬作業の円滑化を促進

LEVEL ☆☆☆

物流センター内の運搬作業を効率的に行うためには台車は欠かせません。台車は小回りが必要な運搬作業で中心的な役割を担います。台車なしでは物流センターにおける運搬作業を円滑に行うことは難しくなります。うまく活用することで庫内作業時間の効率化が実現できるのです。

台車には次の種類があります。

①手押し台車

荷台に荷物を載せて手で押して動かすタイプの台車です。ハンドル部分が固定されているタイプのものと折りたたみが可能なタイプのものがあります。平均的なタイプでは手押し高は85cm、積載荷重150~200kgとなっています。用途は多岐にわたります。

②平台車

手押し部分のない台車で荷台と車輪で構成されています。ストッパーのあるタイプとないタイプがあります。

③コンテナ用台車

コンテナ用の台車で、コンテナを載せる金属製などのフレームと車輪から構成されています。

④かご台車（かご車）

スチールパイプ製などのかご型の台車です。運搬機能のみならず、ストック機能もあるので物流センターのほかに店舗のバックヤードなどでも活用されることが少なくありません。ロールボックスパレットともいいます。なお、スチールパイプ製の場合、長期使用によりペンキのはがれやさびなどが発生するリスクもあります。保管などに際しては、その点に十分に配慮しましょう。

⑤2輪台車

スチールパイプ製の台車で運搬作業を迅速、軽快

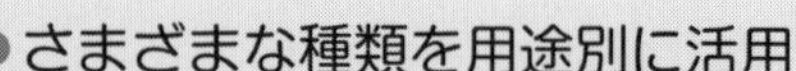

●さまざまな種類を用途別に活用
●小スペースでの作業の効率化にも貢献

主な台車

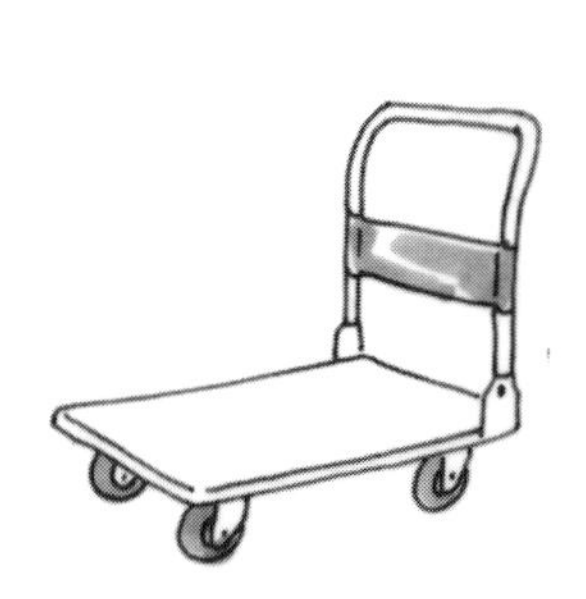
手押し台車

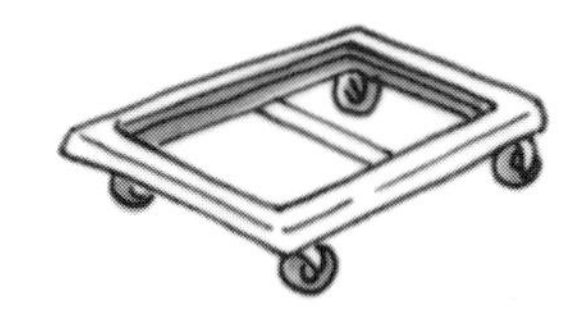
コンテナ用台車

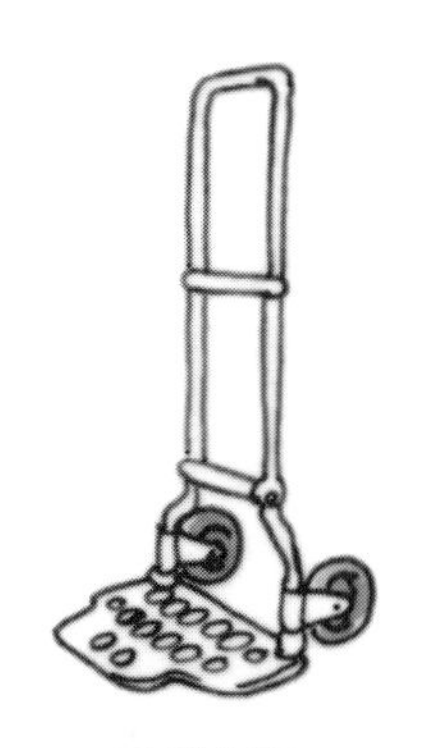
２輪台車

台車の管理の注意点と5Sの活用

台車の管理 → ５Sの徹底

- 保管場所の確保
- 保管先での整理・整頓
- 台車の清掃・清潔
- 台車の取り扱いに関する躾

に行うことができます。小スペースでの運搬作業にも適しています。てこ車ともいいます。

なお、台車の管理、手入れもきちんとするようにしましょう。5S（整理・整頓・清掃・清潔・躾）の考え方を台車の管理にも適用するとよいでしょう。すなわち、台車の保管場所の確保や保管先での整理・整頓を実践し、同時に現場全体に台車のきちんとした取扱いを徹底させるのです。

使用後の台車は所定の場所にきちんと戻し、「台車がどこにあるかわからない」ということがないようにしましょう。また、台車の清掃・清潔についても日頃からしっかり行いましょう。

30 エレベータ、垂直搬送機の特性を理解

多層階のセンターで業務を上手に活用

LEVEL ☆☆

見落とされがちなことですが、物流センターの庫内デザインを考えるうえで、「エレベータ、垂直搬送機をどのように準備、設置するか」ということはきわめて重要です。

なお、物流センター向けのエレベータは、特殊な仕様のため、住居施設などで使われる一般の乗用エレベータとは、大きく異なります。

エレベータ

物流センター向けのエレベータには通常の荷物用エレベータのほかに冷凍冷蔵庫用、食肉用、大型美術品用などがあります。なお、荷物専用エレベータの場合、乗務者と荷物の搬入に使用することが原則となるので、乗務者と荷扱いの作業者以外は乗れないことになっています。また、稼働方法にはロープ式と油圧式があります。ロープ式は階数の多い物流センターにはロープ式が適しています。

ドアの開き方には上開きと横開きがあります。上開きのタイプのエレベータは出入口が広くなり、フォークリフトを上層階に運ぶことができます。導入することで多層階型の物流センターの上層階でのフォークリフト荷役が可能になります。

横開き型は出入口の幅は上開きのものよりも狭くなりますが、奥行きは長くなります。荷物専用ではなく、人荷用エレベータがこのタイプのものとなります。

垂直搬送機

垂直搬送機を使って搬送物を一度に送り先階まで搬送することができます。パレット積み、台車、コンテナ、段ボールなど、さまざまな荷姿に対応できます。荷物は1パレットごとなどに搬送されます。

- 搬送物の重量に注意
- 上層階でのフォークリフト荷役を実践

物流センターのエレベータ、垂直搬送機を活用

エレベータ・垂直搬送機

貨物用のエレベータは3～5トン、
垂直搬送機は1000 ～ 2000kgにまで
耐えられるものが標準的

物流センターの貨物用エレベータ

垂直搬送機

1時間当たり60パレット程度の搬送能力が平均的です。エレベータよりも迅速、大量、連続的に搬送でき、庫内作業時間の大幅な短縮に役立ちます。また待機ロスなども発生しにくくなります。

ただし、あらかじめ設定された仕様のサイズ、重量を超える搬送物は運搬できないので、その場合はエレベータを使うことになります。

欧米の物流センターは広い敷地に平屋建てということが少なくありませんが、日本の場合は、敷地が狭いことが多く、そのため、多層建てとなるのが一般的です。したがって、エレベータや垂直搬送機を活用した庫内荷役作業の効率化が大切なポイントとなるのです。

31 物流センターの通路と動線

フォークリフトの効率的な活用を推進

LEVEL ☆☆

物流センターでは通路の占める作業効率に与える影響は大きく、それゆえそのレイアウトは重要です。作業性を無視して通路を作らないということがないようにします。フォークリフト荷役と流通加工がある場合には、荷役性をより一層、重視する必要が出てくることもあります。

物流センターの通路にはさまざまなパターンが考えられます。物流センターの機能、構造、フォークリフトの活用度などがレイアウトを大きく左右します。通路を作業者やフォークリフトがいかにスムーズに通過できるかということが作業効率向上に際しての重要なポイントとなるのです。

また通過型の物流センターでは、商品を取り出すのに必要なスペースを確保したピッキング通路に入出庫作業通路を組み合わせたものが多くなってきています。一例として道路の幅の目安は2tクラスのカウンターバランス型のフォークリフトを想定すると、入出庫作業用の通路で5m程度となります。また一般的な庫内通路は2、3m、枝となる通路では1・2~1・5mが必要となります。

作業者の安全面での通路確保にも十分に注意する必要があります。流通加工型の物流センターではパートなどの作業者用の通行路が必要になります。

通路を十分にとれば、必然的に庫内の保管スペースが狭くなります。「通路は狭くても保管効率を上げたほうがメリットが大きいのではないか」と考える方もいるかもしれません。実際、仮置きスペースが足りなくなり、通路に物品が所狭しと、置かれるということも少なくありません。しかし、通路が狭く、物品が山積みになっているようなセンターでは、効率的に作業を行うことは不可能になるのです。

POINT
- 作業動線に配慮した通路レイアウト
- 必要なスペースを確保したピッキング通路

物流センターの通路

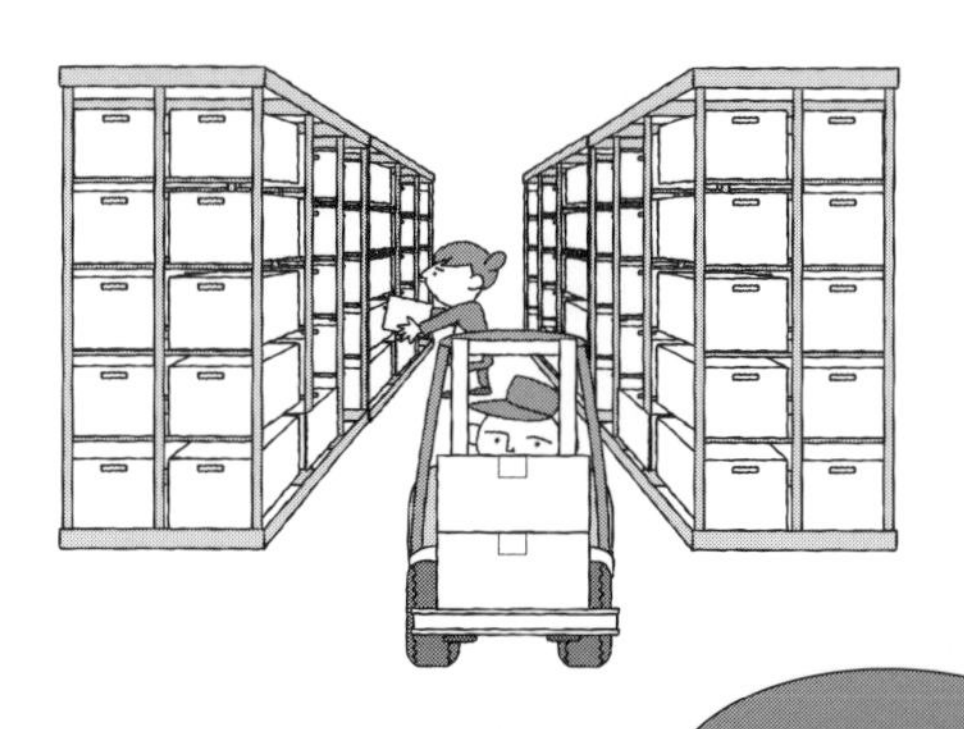

通路幅を狭めれば保管効率を向上させせることができるが、反面、作業効率が低下するリスクも出てくる。取扱う物品の特性を十分理解し、必要ならば通路幅を可能な限り小さくする工夫も必要である。

通路幅の目安

2tクラスのカウンターバランス型のフォークリフトを想定すると、
　入出庫作業用の通路で５m程度
　一般的な通路は２、３m
　枝となる通路では1.2～1.5m
通路の間隔は、
　フォークリフトによる入出庫作業で10～20m
　人が歩いて作業する場合には５～10m

通路幅についても戦略的に決定する必要がある！

32 トラックバースの構造を理解

トラックの着床をスムーズに実施

LEVEL ☆

トラックバースとは物流センターの出入庫ホームのことです。センターに出入りするトラックが入出庫業務を行う際に用います。

トラックバースの位置・形状

トラックバースには低床式ホームと高床式ホームとがあります。低床式ならば物流センターと敷地との間に段差がないが高床式ならば段差があることになります。段差がなければトラックを庫内に入りやすく、フォークリフトなどとのリンクも容易になります。

しかし、浸水や湿気、ホコリを呼び込む可能性も出てきます。パソコンや食料品などでは不向きな構造となる可能性も出てきます。また海上コンテナの取り扱いなどにおいても高床式が便利といわれています。

できるだけトラックがつけられるようにトラックバースを長くするデザインが好まれることが多くなっています。

トラックバース数の調整

ピーク時にどれくらいのトラックが到着するかを予測して調整します。

トラックバース数が少ないと、入出荷のピーク時などにトラックが物流センターの敷地外に列を作ってしまいます。ドライバーの待機などの負担が大きくなるばかりでなく、近隣の環境にも迷惑が及ぶことがあります。反対にトラックバース数が多すぎると、作業労働力を集約することができず、入出荷作業が繁雑、非効率になります。輸配送計画をきちんと実行するためにもトラックバース数の適正化は不可欠なのです。

POINT

- フォークリフトとのリンクを想定
- ドライバーの待機時間の最小化を実現

トラックバース

高床式

トラックとホームの接車面に段差がある。段差は0.8～ 1.5m程度で物流施設により異なる。段差があるために浸水、湿気、ホコリの侵入を防ぐことができる。アパレル、パソコンなどの物流センターに適している。

低床式

トラックとホームの接車面に段差がない。トラックを庫内に入りやすく、浸水や湿気、ホコリを呼び込むリスクはあるが、フォークリフト荷役を効率的に行えるというメリットがある。飲料水、建設資材などを扱う物流センターに適している。

COLUMN

荷姿の工夫

適切な包装・梱包を行うことは物流効率を向上させます。また物流コストについても余計な負担がかからなくなります。

適切な梱包を行うためには、品物の大きさ、形状、重量、さらには物流プロセスにおける輸送振動・衝撃などの物理的変化や、温度・湿度などによる化学変化のリスクなどについてもチェックします。マテハン機器や物流情報システムなどの仕様に左右されることも少なくありません。

物流センターで長期間、保管されたり、輸送距離が長くなったりする場合には、比較的しっかりした梱包が必要になります。反対に多頻度小口ですぐに店頭に並べたいという商品の場合、頑丈すぎる梱包は不便になるでしょう。また、アパレル製品などの場合、段ボールを使うか、プラスチック製などのリターナブルボックスを使うか、パレットを使うか、あるいはハンガー物流にするかで荷姿は大きく異なってきます。

近年はユニットロードや一貫パレチゼーションの導入も進んでいます。

ユニットロードとは、複数の貨物を集約して一単位の貨物（ユニットロード）として扱い、輸送などを行うシステムのことです。ユニットロードのサイズはJISで規定されています。ユニットロードを推進することで荷役の合理化、荷積み、荷卸しなどの効率化が実現できます。

また、生産拠点から消費地までパレットに積んだままの状態で行う輸送を一貫パレチゼーション（パレチゼーション）といいます。規格を統一し、個々の物品をパレットに積み上げ、その荷姿を崩すことなく、そのまま車両、船舶、飛行機などへ積み込んだり、輸送したりします。

第4章

物流不動産の視点から見た物流センター

33 不動産投資ファンドの活用

物流施設の建設が加速！

近年、物流センターなどの物流施設の建設を「ファンド」を組成して行う流れが加速しています。

複数の投資家からの出資金をもとに不動産に投資する不動産ファンドは、当初、高級ホテルなどが対象と考えられました。しかし、経済が低迷状況にある時期には十分なテナントなどの確保が図れず、「不動産投資は割が合わない」という見方も出てきました。

そうした状況のなかで救世主のように登場したのが、「物流施設を不動産ファンドの対象とする」という考え方です。不動産ファンドと物流施設の相性が抜群に良いことがわかったのです。

物流センターなどの物流施設は、東京の銀座や大阪の梅田などの都市中心部に建設されません。基本的には郊外に建設されます。そのため、土地の取得コストが高級ホテルなどに比べて低く抑えられます。また、建築物としても高級ホテルなどに比べて建築コストは安く上がることになります。

さらにテナントとなる物流事業者やメーカー、流通業などは在庫拠点としての長期使用が原則となります。5～15年の長期契約が可能になるわけです。

その結果、首都圏、京阪神圏などの近郊に大型物流施設が相次いで不動産ファンド組成により建設されることになったのです。他方、物流業界にとっても、不動産ファンド組成による現代的物流施設の建設は大きなメリットとなりました。

相次いで大型物流施設が建設されることで、物流企業は荷主企業に在庫拠点集約や現代的物流オペレーションの導入についての新しい提案が可能になりました。3PL（サードパーティロジスティクス：物流業務アウトソーシング）が発達した大きな理由の1つともなっています。

POINT
- 長期契約が可能な物流施設の賃貸・賃借
- 拠点集約などで物流事業者にも大きなメリット

物流ファンドのメリット

メリット

- **土地取得コスト⇒安価**
  （大都市中心部ではなく郊外などのため）
  ➡ 連続的な大規模開発が可能
- **建設コスト⇒安価**
  （貨物保管などが主目的のため）
- **テナントの長期賃借が可能**
  （物流センター業務を中断させることが難しいなどの理由）
  ➡ 景気にテナント需要が左右されにくい
- **高利回り**
  長期安定したテナント確保が可能なため

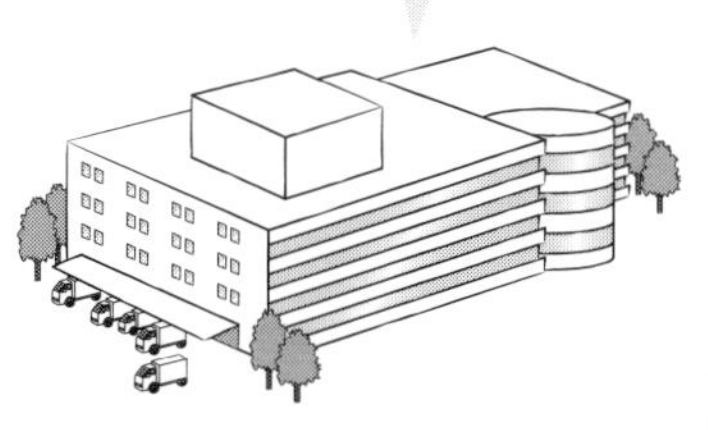

ショッピングセンター、ホテル、タワーマンションなどのファンド化における課題

- 取得する土地は都市中心部などの好立地で地価が高い
  ➡ 開発数に限度有
- 高級施設となるため建設コストが高い
- 空室率が景気に左右される
  （不景気になると空室率が上昇するリスク有））
- 利回りは必ずしも高いとはいえない

34 投資対象としての物流施設

物流ファンドによるセンター建設

倉庫、物流センターなどの物流施設は投資対象としても注目され始めています。つまり不動産投資ファンドなどの対象となっているわけです。投資家から資金を集めて物流施設に投資し、収益を分配するというしくみです。

そしてこれが近年の相次ぐ大型物流センターの建設の大きな要因となっています。

物流施設が投資対象として注目され始めた理由は投資する側の負担が比較的軽いということにあります。物流施設は運営に手間がかからず、負担する付帯費用も少ないのです。屋根、外壁などの老朽化などを理由とする大規模な修繕以外には大きなメンテナンス費用もかかりません。しかも土地取得から建設までの時間もビルなどに比べると短く、借り手も事前に決定していることが多いのです。また大型の物流施設の場合、テナントの定着率も高いのです。

そのため「日本版不動産投資信託（J‐REIT）市場」に上場させるケースも出てきています。REIT（リート）とは「投資家の資金をもとに不動産を取得し、運用していく金融商品」です。証券取引所に上場することで十分な流動性と換金性を獲得することになります。

多くのREITは形式上「株式会社」の形態をとります。「不動産の会社化」とも考えられます。そしてSPC（特別目的会社）に資産所有権などを移転させます。投資家は投資額に応じての利益配分を得ることができます。もちろん、不動産ファンドのすべてを上場させる必要はありません。物流施設は、娯楽施設、商業施設などのその他の不動産投資ファンドとはまったく異なる性質をも持っています。そのため、不動産投資ファンドの資産運用先を多様化する好材料と見なされているのです。

POINT
- 高いテナントの定着率
- 相次ぐJ-REIT市場への上場

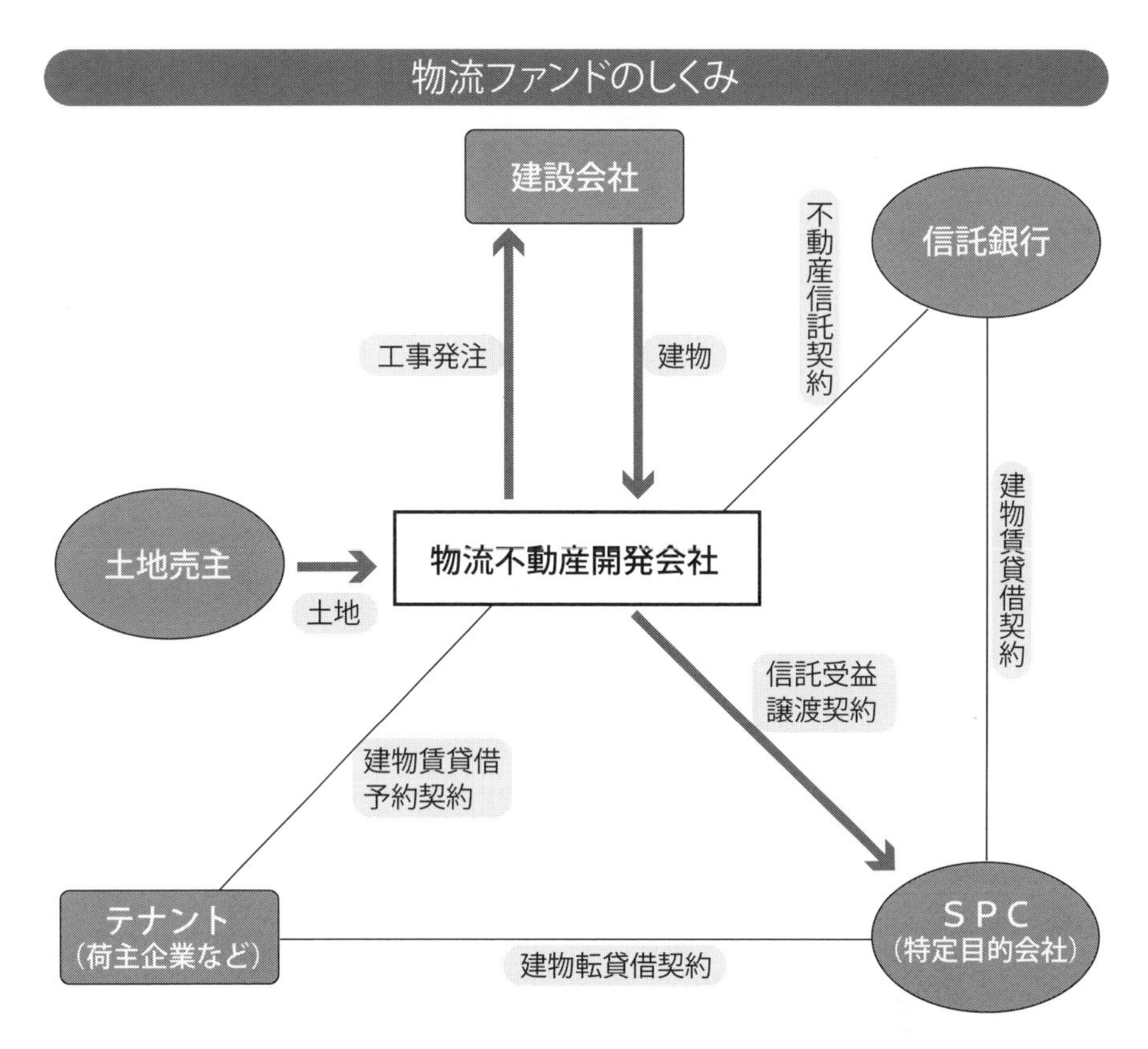

ＳＰＣ（特定目的会社）：不動産証券化、ファンド化を行うためにつくられる会社

物流施設を対象としたファンドは商業施設などを対象としたファンドより、建築費、メンテナンス費用、地価などが安く、同時に利回りも良いため、投資家にとって魅力的な金融商品となっている

35 物流センターの階層

マルチ型ワンフロアが主流に！

LEVEL ☆☆☆

建設会社、不動産会社などの視点からするとスペースの有効利用も考慮に入れ、「建物としての物流センターは多層階であることが好ましい」ということになるかもしれません。他方、物流事業者の視点からすると、オペレーションを円滑に行うには平屋（ワンフロア）がもっとも効率的ということになります。

従来、我が国の場合、物流センターの建設に十分な用地を確保できなかったということもあり、多層階の物流センターが主流となっていました。

すなわち、1階で入荷・入庫業務を行い、エレベータ、垂直搬送機」などを用いて、2階、3階などの上層階に入荷された物品を格納、保管し、出荷依頼に応じて、エレベータなどで再度1階に運搬し、出荷、配送業務などを行うという流れです。2階以上の保管先については出荷頻度や保管品の重量などを考慮して決めます。

しかしこの場合、繁忙期やピーク時などにはエレベータ荷役などの縦持ちに時間がかかってしまうことが、大きな弱点となっています。

これが1フロアの平屋なら、入荷・入庫から格納、保管、出荷までの一連の業務をエレベータ荷役などのストレスなく行えます。

こうした点をふまえてファンド組成などで誕生した現代型の最新鋭物流センターでは「自走式」が採用されています。

自走式はまさしく、多層階型と平屋型の折衷的な構造となっています。自走式の場合、物流センター自体は5階建て程度のマルチテナント入居が可能になっています。ただし、各フロアは独立しており、それぞれの階にトラックでダイレクトに配送、入出荷できる構造になっています。それぞれのフロアは

POINT
- 多層階型の場合はエレベータ荷役の効率化が課題
- 物流オペレーションの効率化を図れる平屋型

多層階から自走式1フロアへの進化

多層階倉庫

（エレベータ活用）

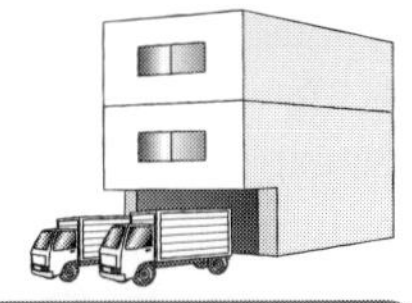

オペレーションの流れ

- 1階で入出荷業務と高頻度品の保管
- 2階以上に中低頻度品などの保管
- 出荷依頼を受けて上層階から1階に出荷品を搬送

主な課題

- 2階以上の入出荷に際して、エレベータ荷役や垂直搬送機の使用が必要となるので繁忙期やピーク時には作業待ちが増える
- 各階に作業者やフォークリフト、マテハン機器を配備する必要があるため、コスト高となる

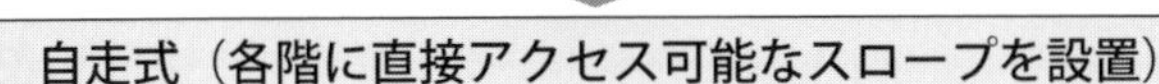

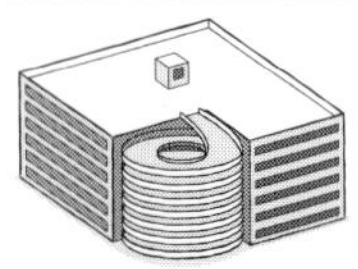

- スロープを使って各階にトラックが直接、アクセスできるので1フロアのオペレーションが可能。作業待ち、作業コストの大幅削減が可能

平均的な物流センターに必要な3000㎡～1万㎡のフロア面積と複数のトラックバースを確保しています。多層階でありながら、1フロアでの物流オペレーションが可能な設計です。

なお、標準的な物流センターの天井高については一階は5・5～6・5m、とされることが多くなっています。柱間隔は現在は10m以上がほとんどとなっています。バースが高床ホームの場合は大型平面取り卸しを考えると、10・5mのバース面の柱が必要と考えられています。

さらにいえば天候や季節風などの条件も考慮してデザインを決定する必要もあります。

たとえば、臨海地区などの場合、物流センターの配置によっては季節風に影響されることも多く、湿気や結露などが多くなるなどの問題が出てくることも指摘されています。

36 物流センターの立地条件と運営の工夫

消費地に近い立地が求められるスルー型

LEVEL ☆☆

物流センターの立地は物流戦略を左右する重要なポイントとなります。したがって慎重に決定されなければなりません。港湾、幹線道路、鉄道などとのリンクが良く、配送先に近くなければなりません。ただし、企業の物流戦略は単一の物流センターだけで行われているわけではありません。物流戦略は巨視的に全国の物流拠点を本社が統括する形で総合的、巨視的に行われるのが理想です。

物流センターの立地は調達地、配送拠点との関係から決定されることになります。とくに流通型の物流センターでは消費地へのアクセスが重視されます。

多くの日本企業は海外に生産拠点をシフトし、それにあわせてグローバル物流網の充実が進む状況をふまえ、港湾、空港に円滑にリンクできる立地が好まれるケースが増えています。

24時間稼動できるかどうかも大きなポイントです。近隣からの騒音などの苦情の出ないような環境にあるかをチェックする必要があります。

さらには物流センターの周辺にトラックなどが待機できるかどうかもロケーションの決定の重要な条件となります。駐車場のレイアウトが十分に計算されているかどうかも重要です。

また近年は少子高齢化の影響を受けて、物流センターも人手不足に悩んでいます。若年層や主婦層などが気持ちよく働ける職場環境を築き上げることも物流センター運営にとって重要です。食堂、トイレ、更衣室などの充実や駅から遠い立地の場合にはシャトルバスなどを手配することで優秀な労働力を大量に確保することも可能になります。時代の流れにあわせたさまざまなアジャスト（適応）が物流センターにも求められるわけです。

- 求められる24時間稼働の可能な環境
- 快適な職場環境の構築を推進

物流センターの選定・評価におけるチェックシートの骨格

ロケーション

（A）調達地・消費地の双方に近い

（B）調達地・消費地のいずれかに近い

（C）調達地・消費地のどちらにも遠い

庫内レイアウト（ピッキングエリア、入出荷エリアなど）

（A）ピッキングエリア、入出荷エリアなどが合理的な根拠のもとに適切にデザインされている。庫内レイアウトが作業効率の向上に十分寄与している

（B）ピッキングエリア、入出荷エリアなどのレイアウトに工夫はあるものの、不十分な点も多少、見られる。庫内レイアウトが作業効率の向上に十分寄与しているとはいえない

（C）ピッキングエリア、入出荷エリアなどのレイアウトが作業効率を考えると不十分な点がとても多い。庫内レイアウトが作業効率の向上にまったく寄与していない。

賃料

（A）賃料が相場よりも安い

（B）賃料が相場かそれに近い

（C）賃料が相場に合わない

用途地域

（A）工業専用地域

（B）工業地域

（C）準工業・近隣商業・無指定地域など

周辺環境など

（A）24時間稼動・待機場所・人員確保が優れている

（B）24時間稼動・待機場所・人員確保いずれかが優れている

（C）24時間稼動・待機場所・人員確保いずれもやや厳しい

＊各項目ともAが優良、Bは標準、Cは物流センターとしては適性が低い

＊各項目については、次ページ以降を参考に、さらに詳細化して綿密なチェックシートを作成することが好ましい

37 物流センターの集約を推進

情報システムやマテハン機器を刷新

LEVEL ☆☆☆

近年の物流センターのオペレーションはその建設規模やロケーションに大きく左右されます。

ロジスティクスの高度化という流れのなかで物流拠点の集約化、共同化が進展し、大規模な物流施設が求められる傾向が強まっています。

とくにここにきて1万5000㎡以上の物件のリクエストが増えてきています。1社で2万～5万㎡の施設を必要とするケースも少なくありません。

大規模な物流センターに対する需要が高まっている大きな理由としては、「物流拠点の集約化」があげられます。複数の在庫拠点を集約し、大型の物流拠点で在庫の一括管理を行えば、トータル在庫、トータルコストの大幅な削減が期待できるのです。

加えていえば、拠点集約に際して、新しい情報システムやマテハン（物流関連）機器などの導入を行い、ロジスティクスオペレーションの刷新を図るのです。

またネット通販などの普及により、従来よりも商圏が拡大し、それに対応するために物流センターが大型化しているということもいえます。

ただし、大規模でありさえすればそのロケーションはどうでもよいのかというと、そうではありません。

たとえば首都圏の大消費地と隣接している東京都木場地区、千葉県市川地区などは好立地ということから需要が集中しています。

「効率的なオペレーションを推進できる最適立地となっているかどうか」という判断、分析は以前よりも一層、緻密に行われるようになってきているといえるでしょう。

テナントニーズにマッチングしているか、消費地に近いか、工場などの調達地や港湾、空港、高速道

- 最適立地による効率的なオペレーション
- 大型トレーラーの回転スペースを考慮

拠点集約とは

それまでに複数カ所に分散していた小規模倉庫を１カ所にまとめ、
大規模倉庫（物流センター）で在庫管理を行うことで効率化を実現できる。

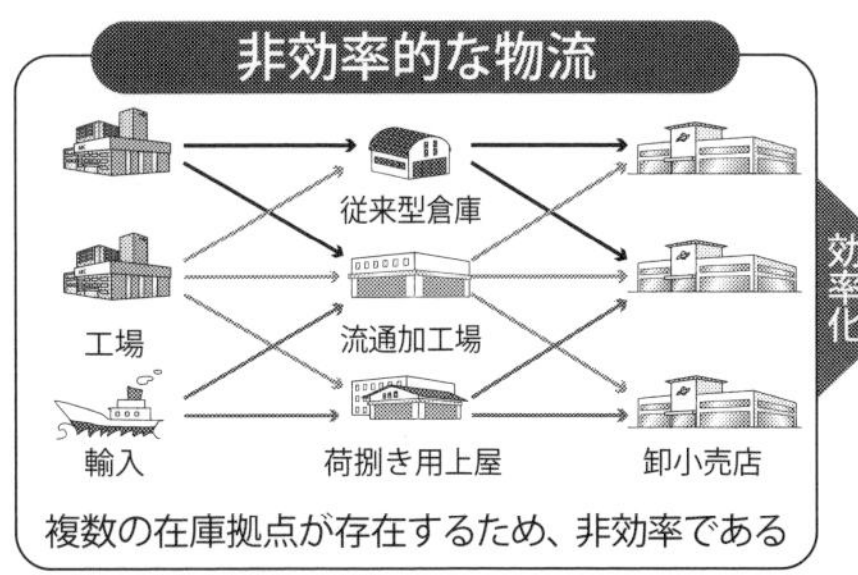

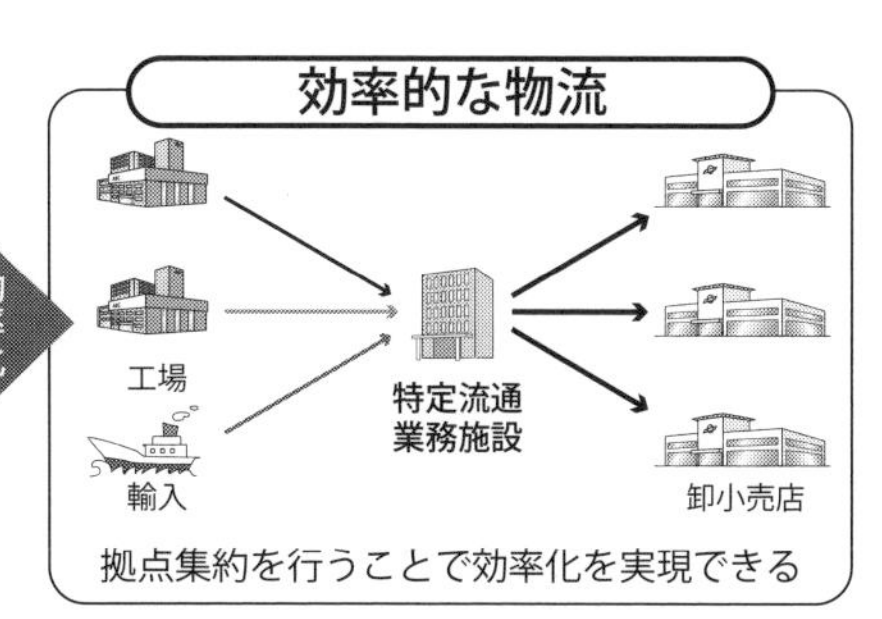

出典：国土交通省の資料

拠点集約の狙いと効果

① トータル在庫を削減
② 人件費・運営費などのコスト削減
③ 輸配送トラック台数などの削減
④ 情報共有化の推進
⑤ 最新の情報システム、マテハン機器の導入
⑥ 物流システムの刷新
⑦ サプライチェーン全体の最適化

路などへのアクセスはどうかなどが、最適なロケーションを決定するうえでの重要な要素となっているのです。

さらにいえば24時間稼動の実現が可能となるべく、近隣からの騒音などの苦情の出ないような環境にあるか、あるいは施設の周辺にトラックなどが待機できるかなどもロケーションの決定にあたり重要な条件となります。

ちなみに敷地内の建物のバランスについては大型トレーラーなどが十分に回転できるスペースがあるかどうか、搬出入のトラックがスムーズに運行できるか、荷捌きがすばやく行えるか、駐車場のレイアウトが十分に計算されているかといった点が考慮されます。たんに「建物規模からの収益性だけを考えて容積いっぱいに多層階の物流センターを建設すればよい」というわけではないのです。センターの庫内レイアウト、外部レイアウトとのバランスを十分考慮する必要もあるのです

38 外観設計も重視される物流センター

天候や季節風なども考慮したデザイン

LEVEL ☆☆

従来の倉庫では、「しっかりと物品を保管できれば、その外観はそれほど重要ではない」とされてきました。しかしながら、現代の物流センターでは、その外観が企業イメージとも密接にリンクして考えられます。

不動産会社や建設会社の視点からすると、スペースの有効利用も考慮に入れ、「建物としての物流センターは多層階であることが好ましい」ということになるかもしれません。

しかし物流会社の視点からすると、作業効率、保管効率を良くするためには平屋、または低層が一般的には好まれます。

また大都市圏の大型物流センターでは、各階ごとが独立した構造となっている高層の「自走式」と呼ばれるタイプを採用する企業も増えてきています。エレベータ、垂直搬送機の設備やそれに関連する作業スペースが不要になるという利点があります。

標準的な物流センターの天井高については、1階は5.5~6.5m、2階は5~6m、3階以上は5~5.5mとされることが多くあります。保管効率の向上を図るという視点から梁下6m、階高7mというケースも増えてきています。

柱間隔も以前は「9m以上が平均的」といわれていました。しかし、近年は10m以上がほとんどとなっています。トラックの高さなどの関係もあり、トラックバース（トラックの入出庫ホーム）が高床ホームの場合は10・5mのバース面の柱が必要となります。

さらにいえば天候や季節風などの条件も考慮してデザインを決定する必要もあります。たとえば臨海地区などの場合、物流センターの配置によっては季節風に影響されることも多くなります。湿気や結露

- 庇を深くして雨天での作業を円滑化
- 低床式ホームでフォークリフトを活用

物流センターの設計におけるポイント

項　目	ポイント
天井高	標準的な物流センターの天井高については、1階は5.5～6.5m、2階は5～6m、3階以上は5～5.5mとされることが多い。
柱間隔	以前は9m以上が平均的だったが、近年は10m以上がほとんどとなっている。トラックバースが高床ホームの場合は10.5mのバース面の柱が必要となる。
天候や季節風などの条件	臨海地区などの場合、物流センターの配置によっては季節風に影響されることも多くなる。湿気や結露などが多くなるなどの問題が出てくることもある。
トラックバース	低床式ホームと高床式ホームがある。 低床式ならば物流センター内と敷地との間に段差がない。高床式ならば段差が発生する。段差がなければトラックを庫内に入れやすく、フォークリフトなどとのリンクも容易になるが浸水や湿気、ホコリを呼び込む恐れもある。
庇（ひさし）の深さ	６～１０mが一般的。雨天の際の軒下でのオペレーションを考慮して深めに設計される。
建築様式（平屋、多層階、自走式など）	作業効率、保管効率を良くするためには平屋、または低層が一般的には好まれる。 大都市圏の大型物流センターでは、各階ごとが独立した構造となっている高層の自走式と呼ばれるタイプも増えている。自走式にはエレベータ、垂直搬送機の設備やそれに関連する作業スペースが不要になるという利点がある。

などが多くなるなどの問題が出てくることもあります。

トラックバースには低床式ホームと高床式ホームがあります。

低床式ならば物流センター内と敷地との間に段差がありません。高床式ならば段差が発生します。段差がなければトラックを庫内に入れやすくなりますし、フォークリフトなどとのリンクも容易になります。

しかし、浸水や湿気、ホコリを呼び込む恐れもあります。パソコンや食料品などを取扱うセンターでは不向きな構造となる可能性もあります。ちなみに海上コンテナの取り扱いなどにおいても高床式が便利といわれています。

庇（ひさし）の深さは6～10mが一般的とされています。雨天の際の軒下でのオペレーションを考慮して深めに設計されます。

39 入出場しやすい敷地レイアウト

車両数、頻度、規模をふまえて設計

LEVEL ☆

物流センターの敷地レイアウトは形状やレイアウトに大きく影響してくるきわめて重要なファクターです。

物流センターの敷地は必ずしも形の良い土地ばかりではありません。そのため、土地の形状からレイアウトを考慮する必要があるケースも出てきます。また近年は屋上緑化、壁面緑化などについての関心も高まり、同時に緑地帯のバランスなども考慮する必要もあります、

そして敷地レイアウトを踏まえて、物流センターの規模や内部レイアウトを考慮しながら入出場車両の数、頻度、規模を決定することになります。

敷地レイアウトの基本的なパターンとしては、次の3つが考えられます

①双方向・一面道路（ツーウエー・ワンロード）型
②一方通行・一面道路（ワンウエー・ワンロード）型
③一方通行・二面道路（ワンウエー・ツーロード）型

一般に一方通行型は作業面で優れていますが、双方向型の方が車両マネジメントは容易と考えられます。

双方向・一面道路型（ツーウエー・ワンロード）は、中規模以下の物流センターに適しています。敷地が道路一面に接していて、敷地内は双方向の場合、出入口が単一であるために入出車両の管理が容易になります。ただし、車両の流れには双方向性があるため作業効率が落ちる可能性も否定できません。

一方通行・一面道路型（ワンウエー・ワンロード）は大規模な物流センターに適しています。ワンウエーでワンロードにのみ接していることから車両の流れが1つであり、作業が行いやすいというメリットがあります。ただし、出入口が離れている場

- 土地の形状を十分に考慮
- 作業性に優れる一方通行型の敷地レイアウト

敷地レイアウトのポイント

項　目	ポイント
双方向・一面道路型	中規模以下の物流センターに適している。敷地が道路一面に接していて、敷地内は双方向の場合、出入口が単一であるために入出車両の管理が容易になる。ただし、車両の流れには双方向性があるため作業効率が落ちる可能性も否定できない。
一方通行・一面道型	大規模な物流センターに適している。ワンウエーでワンロードにのみ接していることから車両の流れが1つであり、作業が行いやすいというメリットがある。ただし、出入口が離れている場合は車両の流れをリアルタイムで掌握することが難しくなるケースも考えられる。
一方通行・二面道路型	大規模なセンター向きのレイアウト。敷地が角地になっているケースなどの特定の条件がそろった場合に考えられる外部レイアウトといえる。

配置計画	一方通行型		双方向型
接道条件	二面道路	一面道路	一面道路
基本形	倉庫	倉庫	倉庫

一般に一方通行型は作業面で優れているが、双方向型のほうが車両マネジメントは容易と考えられる。また、自走式は各階の独自性が保てるために、敷地レイアウトに対する制約が通常の平屋建て物流センターなどに比べて少なくなる

合は車両の流れをリアルタイムで掌握することが難しくなるケースも考えられます。

一方通行・二面道路型（ワンウエー・ツーロード）も大規模なセンター向きのレイアウトです。これは②の応用型でもあり敷地が角地になっているケースなどの特定の条件がそろった場合に考えられる外部レイアウトです。

なお、後で詳しく解説しますが、近年、都心の大型物流センターでは各階、ブロックごとに独立性を持たせた「自走式物流センター」が相次いで建設されています。一般に自走式物流センターは各階の独自性が保てるため、敷地レイアウトに対する制約が通常の平屋建て物流センターなどに比べて少なくなります。したがって、フォークリフト荷役の効率化なども期待できます。

40 メザニンの導入で保管効率を向上

中二階の設置でスペースを確保

LEVEL ☆☆

物流センター内のスペースを有効利用するために「メザニン」が設置されることがあります。メザニンとは、物流センター内の「中二階」のことです。物流センターの増設などが困難なケース、あるいは在庫品が増大した際などに床面積を何倍にも有効活用できるソリューションが、物流物流センターの中二階、すなわちメザニンとなります。

物流センターのメザニンには庫内の一階部分に複数のラックを設置、その柱をそのまま使用して中二階の床とするものや、より強固な専用の形鋼を用いるタイプのものなどがあります。

メザニンは、ハンガー保管を行うアパレルの物流センターなどで好んで用いられます。

物流センターでハンガー保管をする場合には、8～12m程度の天井高をメザニンを導入することで各階を二層に分けて使用するというケースを見かけます。この場合、天井高が物流センターとして平均的な5・5～6m程度だと、メザニンを入れて二層に分ける際に各層のハンガー保管域が狭くなり、コートなどが床についてしまう恐れが出てきます。したがって、高い天井高が望ましくなるわけです。

もちろんメザニンは、センターのさまざまな使用目的、あるいは荷役機種などのニーズに合わせて設計されます。必要に応じて階段、通路、昇降機などを設けます。メザニンを作業全体の流れを管理するための簡単な事務所として活用している例もあります。ただし、メザニンを後から加えると作業効率が低下し、デッドストックの物置となるケースも見受けられます。

なお、わが国ではメザニンは建物の耐用年数同程度の設置期間を前提とすると増築と判断されることもあるので注意しましょう。

- 作業全体の流れを管理
- メザニンの設置でハンガー保管に対応

メザニンの活用

庫内各階を二層に分けて活用！

物流センターの増設が難しいなど、保管効率の向上が求められている場合に導入する。消防法、建築基準法にも注意

メザニンの導入のメリット

メザニン

物流倉庫のメザニンには倉庫本体の一階部分に複数のラックを設置、その柱在をそのまま使用して中二階の床とするものや、より強固な専用の形鋼を用いるタイプのものなどがある

スペースロスを回避
保管。格納効率を大幅に向上！

ただしメザニンがデッドストックの置き場や仮置きスペースとならないように注意が必要！　どのような目的で設置するのかを明確にしたい

41 増加する地球にやさしい物流センター

世界規模で展開される環境武装

LEVEL ☆☆

「環境にやさしい物流センター」を建設するという流れが大きくなっています。

たとえば、物流センターの屋上を緑地化する屋上緑化や側壁を緑化する壁面緑化、さらには駐車場緑化を導入することで、ヒートアイランド現象などを緩和し冷房量を削減します。あるいは屋上に太陽光パネルを設置し、自ら発電を行う物流センターもあります。

情報システムと連動させる形で、空調、照明・消灯設備などを導入し、物流センターのスマート化も推進されています。また、CASBEE®（環境性能評価システム）を取得する物流施設も増えています。CASBEE®は建築物の環境性能を評価・格付けする我が国の制度です。欧米の先行評価システムを参考に、国土交通省の主導による（財）建築環境・省エネルギー機構に委員会が設置され評価のしくみができあがりました。

大型施設の排出量取引との関わりなどから物流不動産の建設などにあたり、注目が高まってきていることが背景にあります。不動産の環境負荷、室内環境、敷地外環境、周辺環境との調和、景観、建築設備からの排熱などが評価されます。

なお、グローバル展開を行っている外資系物流不動産開発大手は、海外でも物流施設の環境評価の格付けを取得しています。

ちなみに、敷地面積に対する一定面積の緑化を求める流れは近年、大きく加速しています。たとえば、工場立地法では工場敷地に対して、緑地および環境施設面積を25%以上とすることが定められています。また、一定面積以上の敷地における製造施設、貯蔵施設などの新築、増築、改築などに際して緑化計画書の提出を求める地方自治体もあります。

- 屋上緑化、壁面緑化の積極的な導入
- 太陽光発電の導入で自家電力を創出

地球にやさしい物流センターの構築

物流センターの環境対策

屋上緑化・壁面緑化

物流センターの屋上あるいは壁面を緑化させることでCO_2排出量の削減に貢献

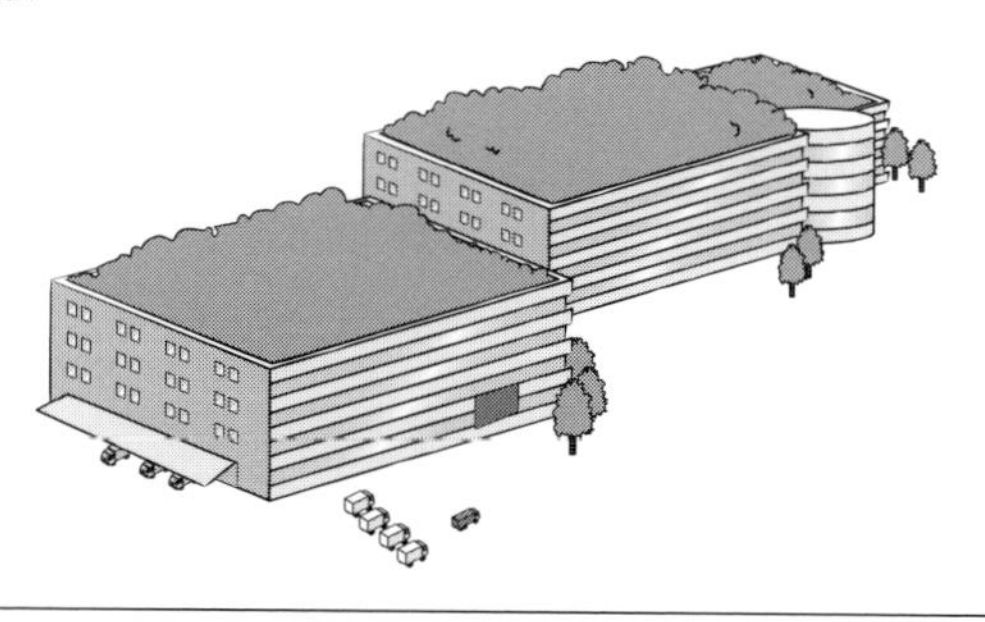

太陽光発電

物流センターの屋上などに太陽光パネルを設置、自家発電システムを構築

敷地内の緑化強化

物流センターの敷地内の緑化面積を増やす

42 物流センターの火災リスクに対応

消火器、スプリンクラーを適切に保全

LEVEL ☆

物流センターで火災が発生した場合、多大な迷惑と損害が周辺住民はもとより、関係企業など、さらには社会全体に及ぶこともあります。したがって物流センターの施設管理を行うにあたって、火災のリスクに十分備える必要があります。

物流センターは一般の建設物に比べて、大きな建物のわりには窓や出入口などが少ないため、火災が発生すると迅速に逃げることが難しくなることが少なくありません。

また、オフィスビルなどに比べて従業員が少ないために火災の発見が遅れ、初期消火活動や火災通報がスムーズに進まない恐れもあります。

しかも発見が遅れると、消火器やスプリンクラーなどだけでは鎮火が難しくなります。庫内が高温化しやすいのです。さらにいえば窓がないために排煙設備がしっかりしていないと、有毒ガスもまん延しやすくなります。

したがって、日頃から火災が発生しないように庫内作業者の喫煙管理などについて十分な措置をとる必要があります。物流センターとその周辺は禁煙とし、喫煙は指定の場所のみとします。指定場所以外での喫煙者を見つけたら、必ず注意するようにします。喫煙場所の表示は明確にし、5S（整理・整頓・清掃・清潔・躾）を徹底します。とくに吸殻管理は徹底しましょう。灰皿には必ず水をはり、消火用具を近くに置くようにします。

また、荷扱いを慎重にしなければ火災を招くことになりかねない貨物については十分にその取扱いに注意するようにしましょう。消防法で危険物に該当する危険物は危険品倉庫に保管するようにします。

そのうえで貨物の特性を理解して、庫内の換気、温度、湿度などを適正にします。

- 庫内禁煙を徹底
- 庫内の換気、温度、湿度などを適正に管理

物流センターの安全確認チェック基本項目

安全確認箇所	チェックポイント
雨樋、壁、床など	• 仕上げ材に浮き上がり、はく離、鉄骨の露出や錆などが生じてないか • 床に沈下、波打ち、傾斜などがあったり、たわんでいたり、亀裂がないか • 使用頻度の激しいエレベータ前の床などが摩擦、振動などで傷んでいないか
シャッターなど	• フォークリフトがぶつかったことなどにより、損傷したり、変形したりしていないか • 開閉は正常か
照明・配線など	• ちらつきのあるものがないか • 適度な照度となっているか • 配線がタコ足となっていないか
消火器・スプリンクラーなど	• 消火器の規定の本数が、歩行距離20m以下ごとに設置されていて、それが用途に適した消火器が正しい位置に正しい形で置かれているか • 有効期限は過ぎていないか • スプリンクラーや火災報知装置は正常か • 高温、異音などが発生していないか

近年発生した物流センターの火災が大きな社会問題となったこともある。火元には十分注意するようにしたい

COLUMN

物流センターの労災管理

物流業は建設業、製造業に次いで死亡者が多い産業となっています。庫内作業中の事故にも十分注意しなければなりません。フォークリフトやクレーン、昇降リフトなどの操作ミス、転落、転倒などによる物流センター内の死亡事故が報告されています。荷物運搬用の昇降リフトで商品を運んでいる途中に挟まれて死亡するといったケースもあります。

事故を防ぐためには従業員の作業熟練度を高める必要があります。同時に安全に対する意識を高める教育、研修、訓練を繰り返し、組織的に行わなければなりません。安全管理者が不安全であると判断したら作業はすぐさま停止するべきです。標準作業を設定し、無理で不安全な作業を行わないことを徹底します。作業手順書を作成する必要もあります。

機械や設備の使用状態を一定期間ごとに点検することを怠らないようにします。

作業者が作業着をきちんと着ることも大切です。それによって事故が防げることもあります。

作業着の基本的な着衣方法を守り、服装規定が定められている場合には遵守するようにします。ヘルメットや安全帽などはまっすぐにかぶり、あごひもをしっかり正しく結びましょう。上着はズボンのなかにきちんと入れ、ボタンはしっかり留めましょう。危険物をポケットに入れたり作業着の袖まくりをしたりすることなどもやめましょう。安全靴もきちんと履くようにしましょう。

さらにいえば作業着や安全靴などは定期的に洗濯を行い、汚れが目立ったり、ほころびが生じたりすることがないようにします。

庫内におけるフォークリフト作業は労災につながりやすいので、安全を十分に確認したうえで行うようにします。庫内では必ずフォークリフトの制限速度を定め、きちんと守るようにします。フォークリフトが運ぶパレットに搭載する貨物はきちんと積み付け、荷崩れの恐れのないようにします。やむを得ず棚上の保管を行う際には落下防止柵や滑り止めを設置するようにしましょう。

第5章

物流センターのしくみ〈小売業編〉

43 大型化する小売業の物流センター

短リードタイムにあわせた物流システムの構築

LEVEL ☆☆☆

楽天市場や、ネット通販最大手のアマゾンドットコム、ファッション通販最大手のZOZOTOWN（スタートトゥデイ）などのネット通販企業が相次いで大型物流センターを開設しています。

言い換えれば、昨今のネット通販のビジネスモデルの起点となっているのが大型物流センターなのです。大型物流センターを運営し、ネットユーザーが購入する商品について、インターネットのスピードにあわせたデリバリーシステムを構築することによって、大手ネット通販企業はヘビーユーザーの支持を集めているのです。

ただし、ネット通販企業の在庫は膨らむ一方になっています。大型物流センターが建設され始めた当初は「これだけ大きな物流センターを作っておけば、そこに在庫を集中させることができるから、ネット通販ユーザーの膨大な要望にも迅速に応えられる」と考えられました。「大型物流センターを1つ設けたのだからこれで物流システムは完成」と考えたのです。

ところがネット通販大手の大型物流センターの増設は相変わらず続いています。しかもその規模は1センターで約20万㎡というものが登場するまでに拡大しています。ネット通販市場が拡大するほど、在庫も巨大物流センターも増殖していくのです。

ネット通販業界がこれだけ大きな規模の物流センターを必要とする背景には「ネット商圏がリアル商圏とは桁違いの大きさを持ち、それに対応させてネット通販対応の物流センターの規模を拡大し、数を増やさなければならない」ということがあげられます。

- 巨大なネット通販の商圏を考慮
- トラックがダイレクトで入荷できる自走式センター

大型化する小売業向けの物流センター

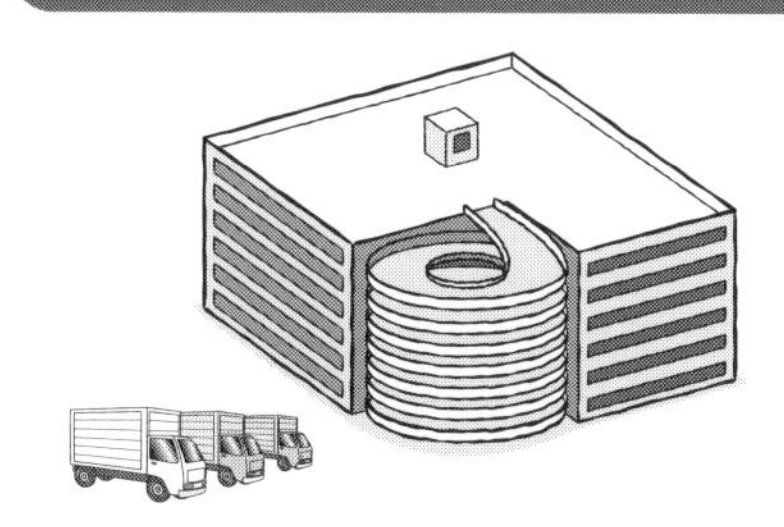

保管型ではなく流通型の物流センターが主流。ネット通販市場の拡大などにより大型化が進んでいる。また、各フロアが平屋感覚で使える自走式も積極的に採用されている。

小売業向けの物流センターの大型化

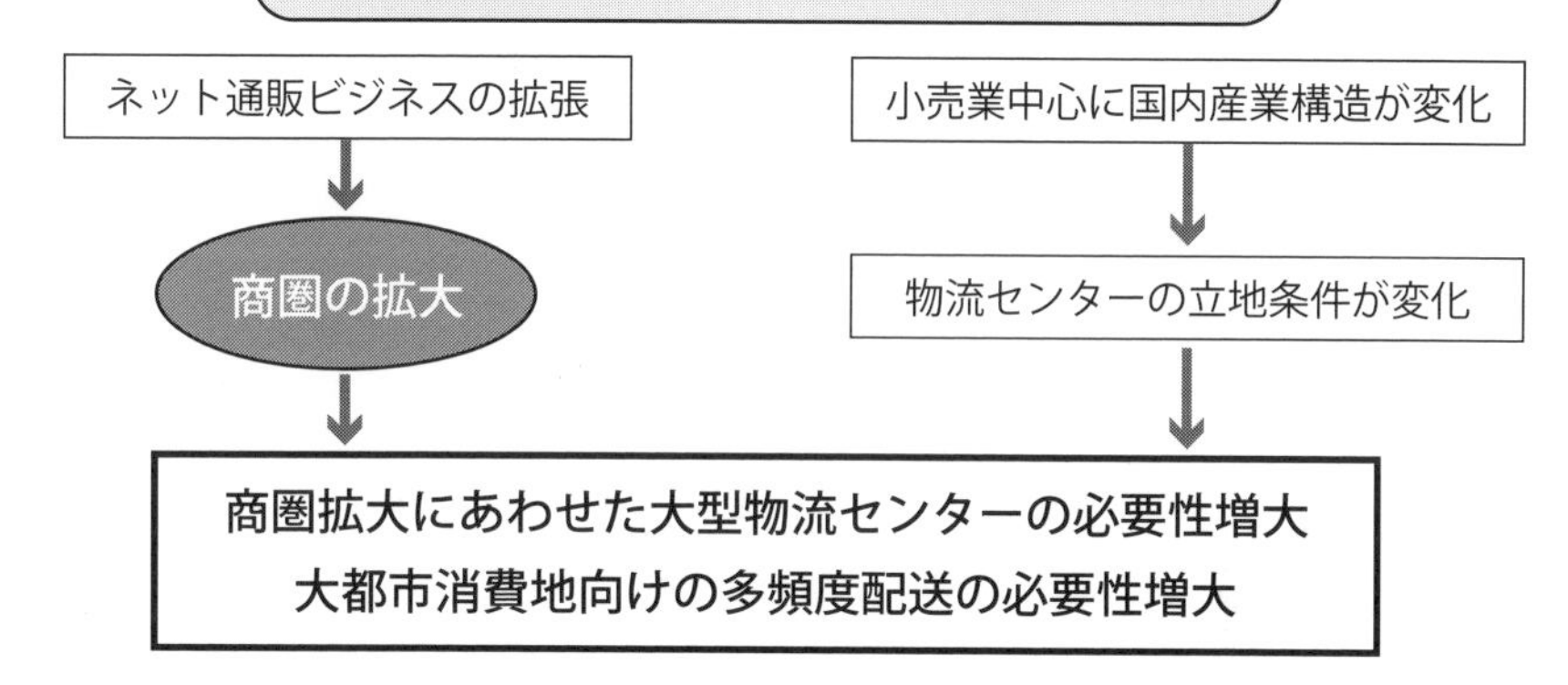

もちろん、巨大化した物流センターのオペレーションはこれまで以上に高速化、ＩＴ化を進める必要が出てきています。ネット通販のスピードにあわせた物流システムをいかに構築することができるかが、ビジネスモデルの生命線ともなっているのです。

また、各フロアにトラックがダイレクトで入荷できる自走式物流センターも現代的センターの主流となりつつあります。各フロアの独立性が守られるため、平屋感覚で大規模な仕分け、ピッキング、流通加工などを行うことができます。エレベータ荷役などを行わなくてすむので省力化、省エネ化、効率化を実現することができます。

44 小売業の物流センターの特徴を把握

施設使用料などを根拠にセンターフィーを設定

LEVEL ☆

メーカーから卸売業を経て、小売業へといたる我が国の多段階の流通構造は、流通の中抜き現象の影響を顕著に受けて、大きく変わりつつあります。業界にもよりますが、メーカーから小売業へ、卸売業を介することなく、メーカーから小売業への商品の直流が常識化してきているのです。しかしながらその結果、これまでは卸売業が抱えていた商品在庫拠点を小売業が抱える必要も出てきました。このような背景を受けて、近年、小売業が積極的に物流センターの運営に携わる事例が増えています。

小売業の物流センターの主力はトランスファーセンター（TC）になります。前もって物品の検品が行われていることを前提に、抜き取り検品後に店別仕分けを行うタイプと、抜き取り検品ではなく、総検品を行うタイプとに分けられます。

ただし、小売業がTCではなく、ディストリビューションセンター（DC）を構えるケースも増えています。メーカーから卸売業を介さず小売業に直送されるのです。この場合、メーカーの物流センターから入荷した物品は全量検品され、DC内で在庫保管が行われ、発注指示に応じて出荷されます。また、DCとはいえ、TCの機能も内包し、荷合わせを行い、迅速に出荷される物品もあります。

また小売業の物流センターでは施設利用料、情報システム料、店別仕分け料などを根拠としたセンターフィーと呼ばれる利用料金をメーカーや卸売事業者が払うことを求められます。

もっともセンターフィーに対しては「物流コストではなく商品価格をベースにするため、実際の庫内作業コストが反映されているわけではないし、算定基準の根拠や価格体系がよくわからない」という声も少なくありません。

- メーカーから小売業への直流が増加
- 施設使用料、情報システム料、店別仕分け料の設定

小売業の物流センターのしくみ

小売業の物流センター

トランスファーセンターが主流

抜き取り検品型

総検品実施型

センターフィー

● 施設利用料、情報システム料、店別仕分け料などを根拠に設定

仕入高に応じて一定率のフィーが徴収される場合が多い

利用料金をメーカーや卸売業などの納入業者が支払う

センターフィーについては、物流コストではなく商品価格をベースにするため、実際の庫内作業コストが反映されているわけではないし、算定基準の根拠や価格体系がよくわからないという声もある

45 トランスファーセンターのクロスドッキング

荷合わせ、仕分けを迅速に展開！

LEVEL ☆☆

小売業のトランスファーセンター（TC）では、原則的に長期在庫を保有しません。

商品在庫を時間をかけて出荷先ごとに仕分けするのではなく、入荷してきた物品をすぐにほかの物品と荷合わせ、仕分けするクロスドッキングが行われます。クロスドッキングを導入することで、店舗が大きな商品在庫を持たなくてすむ効率的なトータル物流システムの構築が可能になります。

なお、クロスドッキングに対応するためにトランスファーセンターの庫内レイアウトが、入荷から出荷の流れが直線的になるように工夫されることも少なくありません。入荷から出荷への一連のオペレーションの流れがスムーズになるような設計となっているのです。格納からピッキングへの流れを円滑にし、フォークリフトなどの物流機器の効率的な活用も図ります。

クロスドッキングは事前出荷通知（アドバンスド・シッピング・ノティス：ASN）をベースに行われます。クロスドッキングには入荷車両のジャストインタイムの到着とASNが不可欠とされています。電子データ交換（EDI）とリンクし、発荷主が着荷主に商品の到着前にどの商品がどれくらい入荷するのかということを知らせる情報システムです。ASNには入荷予定日、発注番号、商品コード、数量などが項目としても設けられています。

入荷検品ではASNと実入荷のチェックが行われ、同時に商品はクロスドッキング分と補充在庫分とに仕分けされます。仕分け作業でクロスドッキングされる商品と仮置きのロケーションが表示され、残りの補充在庫分は保管ロケーションに格納されます。また、クロスドッキングをまず行い、残りを補充在庫分と見なし、格納する方法もあります。

- 長期の商品在庫保有を回避
- ASNをベースにオペレーションを展開

クロスドッキングによる店舗納入システムの高速化

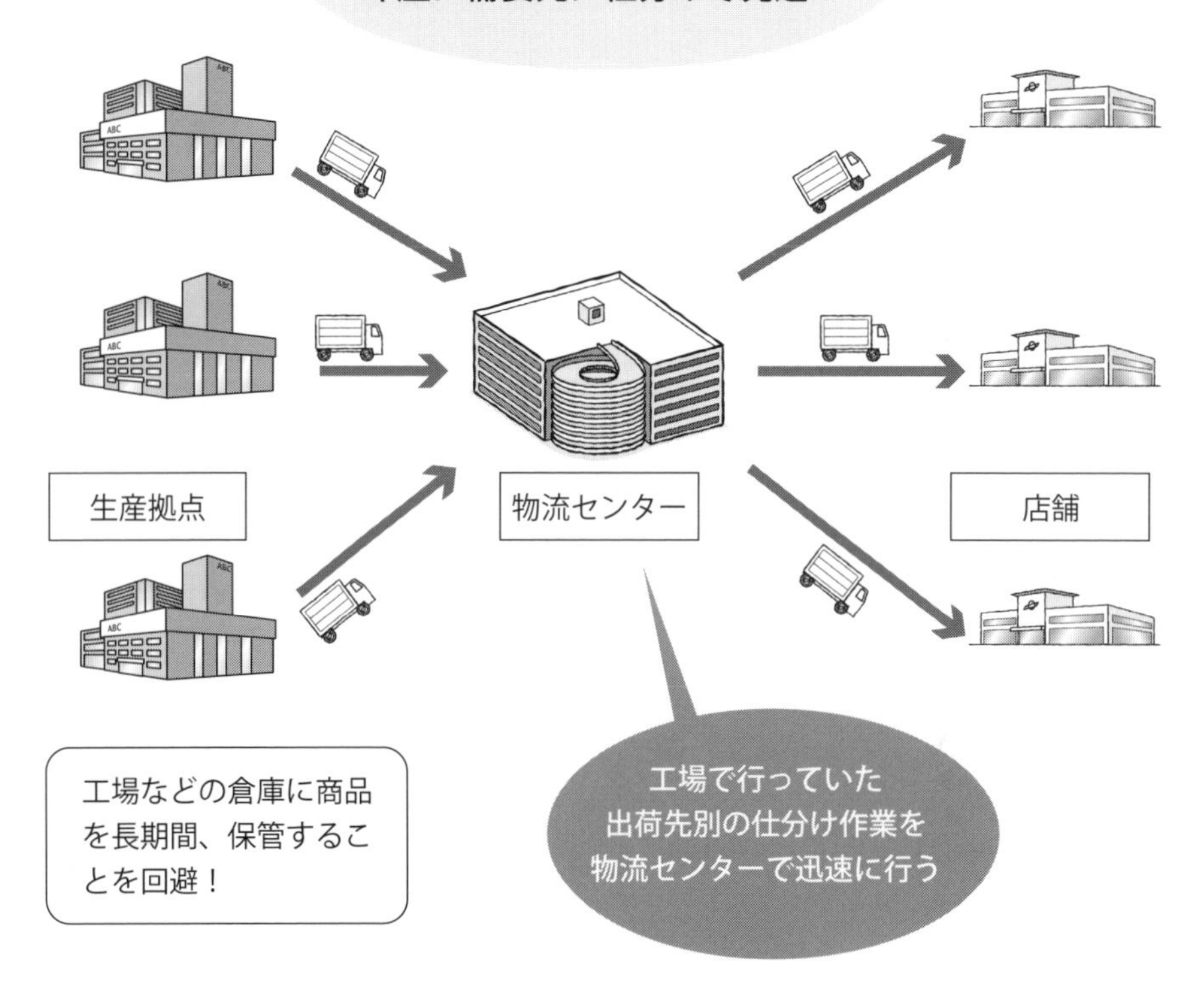

クロスドッキング方式を導入することで物流センターの統括のもとに工場の倉庫や小売業の店舗が大きな商品在庫を持たなくてすむ物流システムの構築が可能になる

46 共同配送の推進でコスト削減

過度な多頻度納入を解消

LEVEL ☆☆

小売業の物流センターでは店舗、最終消費者への配送において、結果的に多頻度小口配送が求められることになります。しかし、過度な多頻度配送が行われた場合、逆に物流効率が悪化する恐れもあります。

トラックの積載効率（積載率）が低く配送コストがかさんだり、納入先の保管スペースが不足したり、不在のために営業所などの在庫が予想以上にたまってしまうリスクも出てきます。

いうまでもなく、ジャストインタイム方式を実践するにあたっては、積載効率、保管効率、作業効率などについて十分に配慮しなければなりません。過度な多頻度配送は一部のセクションにプラスをもたらすかもしれませんが、全体にとってはマイナスになります。

「部分最適を実現することができても全体最適の実現はできない」ということになります。

過度な多頻度納入の要因としては、たとえば発注アイテムごとに納期指定日が別々になっていたり、急な追加発注に追われたりするケースが考えられます。納入先に大型トラックが入る十分なスペースがないため、やむをえず多頻度小口納入になることもあります。

対策としては納入先ごとの一括配送やアイテム数の削減、共同配送型の物流センターの設置、VMI（ベンダー管理在庫）の導入などが考えられます。

また、店舗側がバーゲンなどによる追加発注などを極力、減らしていくことでも過度な多頻度配送は回避できます。また反対に「納品遅れ」の発生もコスト高の要因となります。納品遅れの主な理由としては、「輸配送ルートが的確でない」「貨物状況が把握できない」などが考えられます。

●トラック台数の削減で環境にやさしい物流を実現
●納品遅れの発生を可能なかぎり回避

共同物流の導入

共同物流を導入することで、トラック台数の削減、輸配送効率の向上などを実現することが可能になる。またトラック台数を削減することにより、CO_2排出量の削減など、環境にやさしい物流を実践することも可能になる。

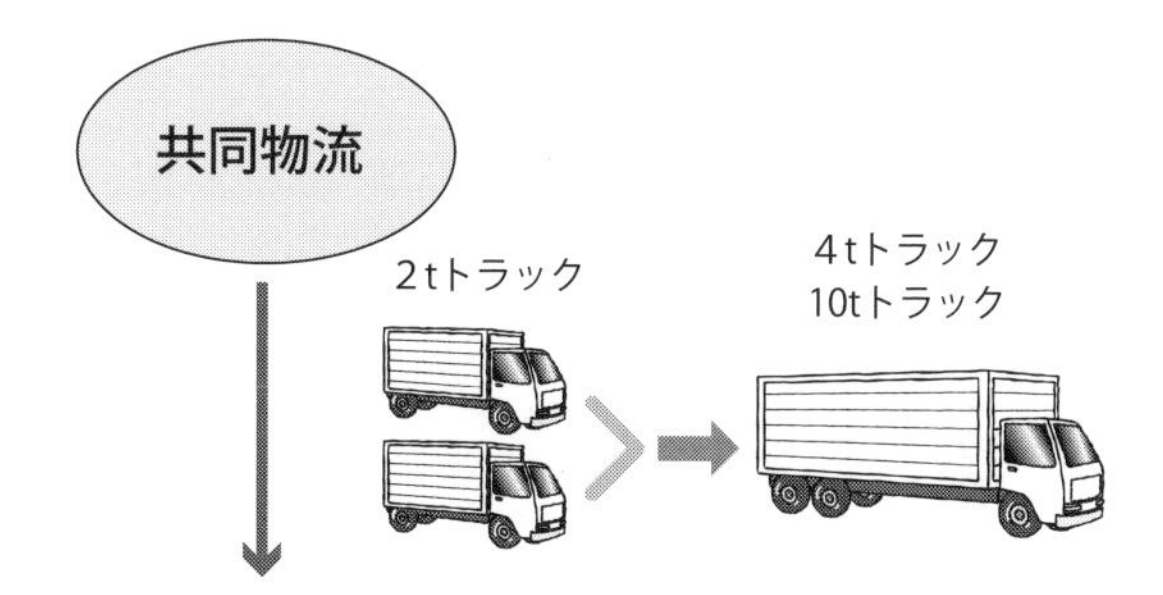

複数社で共同輸送、共同保管などを行うこと。共同で物流を管理することで環境負荷の低減とさまざまなコストダウンを実現

在庫拠点の集約、トータル在庫の削減などを推進

導入にあたっては社内業務、庫内作業の標準化、平準化、物流サービス水準の統一、情報システムの統合なども必要

用語解説　**ベンダー管理在庫（VMI）**：適正な在庫量の幅のなかに顧客企業の在庫を維持することが、ベンダー（売り手）主導で行われる在庫マネジメント。水道水が蛇口から一滴でも出れば水道代としてカウントされるのと同様に顧客企業が適正な在庫量の幅のなかから実際に使用した数量のみ購買するシステム。

47 ドミナント方式でコンビニ物流の効率化を促進

配送エリアの狭域化でジャストインタイムを実現

LEVEL ☆☆

大手コンビニエンスストアの多くはドミナント戦略をもとに出店戦略、店舗展開を行っています。ドミナント戦略とは集中出店方式のことです。各チェーン店を一定区域内に集中して出店させるのです。

通常、商品は物流センターなどから店頭に届けられます。店舗と店舗の間隔が近ければ近いほど配送コストを削減することが可能になるという考えからです。しかもジャストインタイムで商品を決められた時間に補充する際にも店舗が隣接していれば、配送を正確に行うことができます。

大手コンビニの多くではPOS（販売時点情報管理）システムなどが高度に構築され、店頭情報が本部で統括管理されています。在庫回転率の向上がロジスティクス戦略の中軸にすえられ、売れ筋商品や定番商品を需要予測に基づいて過不足なくそろえる在庫政策がとられています。

コンビニで売られる弁当や惣菜の流通経路は毎日の多頻度小口輸送が大前提になります。また卸売業を通さず、メーカーから直接、仕入れて、流通経路も可能なかぎりの短縮化、圧縮化を図っています。

惣菜メーカーや牛乳メーカー、加工食品メーカーなどのそれぞれの商品は毎日、共同配送センターに集められます。コンビニエンスストアの物流センターでは、配送先の店舗にあわせて商品が振り分けられます。その際、とくに注意しなければならないことは複数の温度帯の管理が必要ということです。

たとえば、惣菜などの保温温度と冷凍食品やアイスクリームなどの保温温度は異なります。弁当も温度管理が必要ですが凍らせたり、極度に冷やして輸送したりするわけにはいきません。

言い換えれば、食品の温度と品質の管理がコンビ

- 温度帯ごとの商品管理を徹底
- 在庫回転率の向上がロジスティクス戦略の中軸

コンビニのドミナント戦略を活用しての配送システム

ドミナント戦略とは

同一地域に集中的に出店することで物流システムをタイトにし、コストダウンを図る。これをドミナント戦略と呼んでいる。米国大手流通業のウォルマート・ストアーズ、日本のセブン・イレブン・ジャパンなどが物流効率化、輸送経路適正化など念頭に導入したことで知られている。
物流センターから温度帯ごと（フローズン、チルド、常温）にドミナント域内の店舗に出荷される。

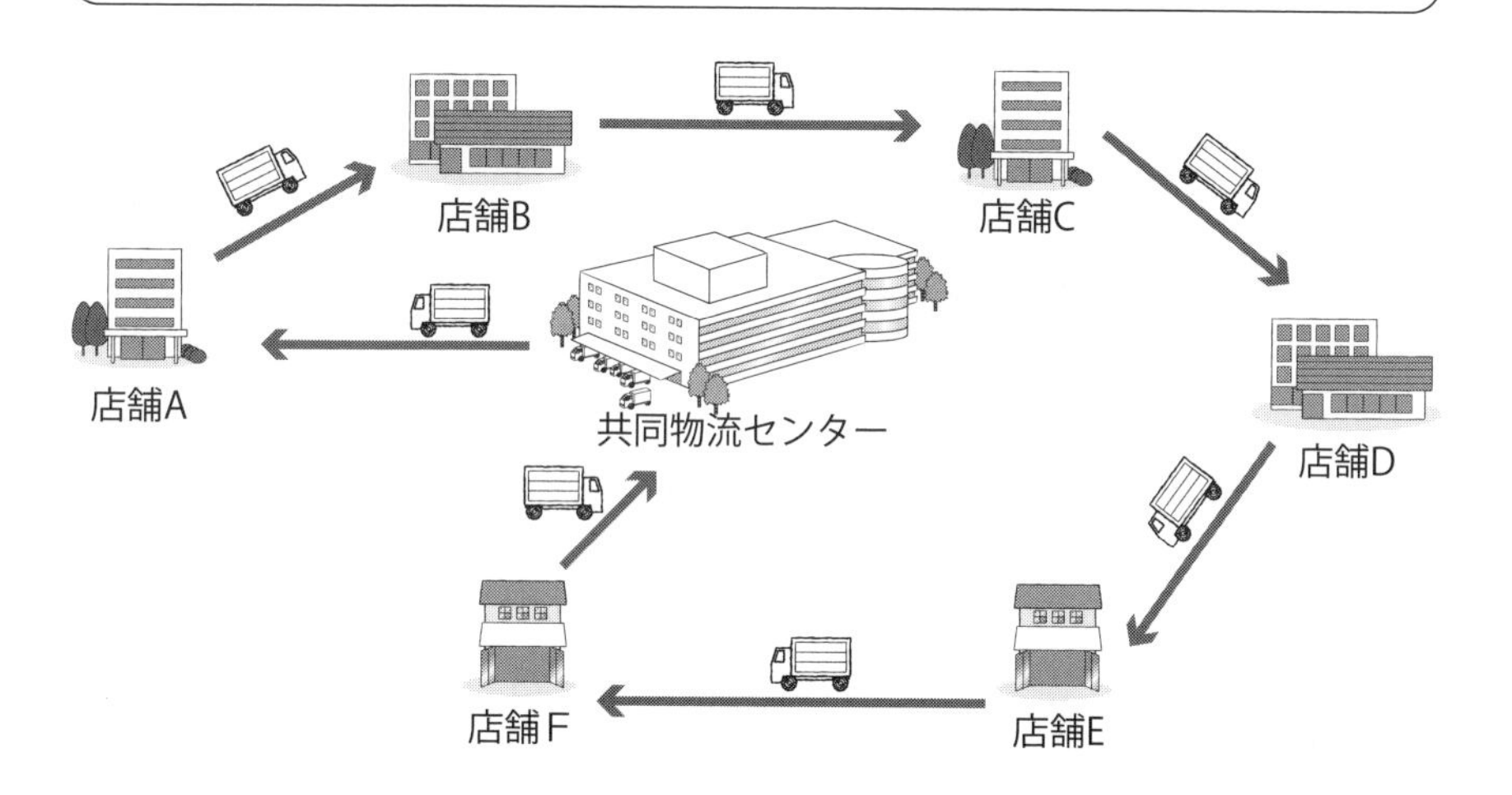

ニ物流では大きなポイントとなっているといえましょう。したがって、物流センター業務においても温度帯への対応が重要になってきます。

ただし、温度管理を行うには、冷蔵倉庫、冷蔵車の導入が不可欠になります。しかしながらそうした設備導入のコストは高く、それが新規参入をはばむ大きな壁ともなっています。他方、既存の設備については、老朽化が進んでいたり、経年劣化が発生したりしているものも目立つようになってきています。温度管理のさらなる重要化が叫ばれている昨今、いかに効果的に最新設備を導入していくかということも大きな課題といえるでしょう。

48 物流センターにおける温度管理の徹底

消費期限、賞味期限、製造年月日などをしっかり管理

LEVEL ☆☆

物流センターにおける食品の商品管理と物流システムの構築では消費期限、賞味期限、製造年月日などの管理が重要になります。

生鮮食品などの冷凍・冷蔵の管理もふまえたシステム構築も必要になります。食品販売についても対象となる小売業の業態がコンビニエンスストア向け、スーパーマーケット向け、百貨店向け、ネットショップ向けなどにより、対応は異なります。いずれにせよ、食品を扱う小売業向けの物流センターでは、温度管理の重要性が何よりも重要になります。

冷蔵保管エリアへの入庫に際しては、常温の物品以上に迅速に作業をすることが求められます。外気に触れたまま長時間が経過すると食品などの品質が変化してしまうリスクが出てくるからです。必要に応じて保冷用のカバーなどもかけるようにします。

また入庫後は即座に冷やすようにします。加えて、物品の乾燥に注意しましょう。カビなどの発生の原因となります。万が一、カビなどが発生した場合は速やかに厳重に処分します。メーカー（荷主）にもこのことを忘れずに迅速に伝えるようにしましょう。

冷蔵保管においては、まず、賞味期間が存在するということから、先入れ先出し法が大原則になります。

そのうえで保管期間ごとに保管エリアを区別します。保管期間が大きく、長期保管と短期保管に分けられるはずです。なお、同じ保管物でも日付けが違うものは分ける必要があります。変色、変質したものについても同様です。また保管物はロケーション管理を行い、わかりやすく保管するようにします。

また、保管に際して、床に直接、平積みするのは避けましょう。なお、室温が高くなると保管物は乾

- 長期保管と短期保管に分けて対応
- 定温輸送とのリンクを充実

冷蔵倉庫の注意点

庫内の温度については常に十分意識するようにする。
庫内の温度の変化により、物品が品質劣化したり、腐敗したりするリスクに注意しなければならない。また温度のみならず湿度についても、常に注意しなければならない。

① 冷蔵保管エリアへの入庫に際しては、常温の物品以上に迅速に作業をする
② 外気に触れたまま長時間が経過すると食品などの品質が変化してしまうリスクが出てくる
③ 必要に応じて保冷用のカバーなどもかけるようにする
④ 入庫後は即座に冷やす。物品の乾燥にも注意
⑤ 先入れ先出しが大原則
⑥ 床に直接、平積みは避ける

冷蔵室の級と保管・管理温度帯

冷蔵室の級	保管・管理温度帯
C3級	+10℃以下2℃未満
C2級	−2℃以下−10℃未満
C1級	−10℃以下−20℃未満
F級	−20℃以下

燥しやすくなります。加湿器を用いる、庫内に水をまくなどの対応策があります。室温が低くなると吸湿しやすくなります。除湿器、包装、カバーなどで対応しましょう。

温度管理の対象となる物品は、従来は生鮮食品などに限られていました。しかしながら近年では、これまで以上に広範囲な商品についても温度管理が行われるようになってきています。たとえば衣服についても、温度20～22℃、湿度55％程度で管理することで品質劣化を防ぐことが可能になるとして、実践している企業もあります。ワインなどについても定温輸送を行い、最善の品質で商品を消費者に届けることで高い支持を得ている企業もあります。

49 先進的なフルフィルメント業務の展開

ネット通販企業の物流システムを構築

LEVEL ☆☆

現代的な大規模物流センターがネット通販に使われるようになってくると、「フルフィルメントセンター」という考え方が出てきました。

ネット通販事業者はビジネスモデルを構築するにあたり、物流については3PL企業などに外部委託することが少なくありません。

もちろん、ネット通販企業が自社物流を構築することもあり得ますが、売上高や取扱高が急成長するなかで物流システムの構築を自社で行えば、成長にシステムが追い付かない恐れが出てきます。自社物流網では一度に物流量が増えれば、在庫管理、倉庫管理、出荷管理、輸配送管理に大きな負荷が急激にかかります。そこで、商品の受注から発送、在庫管理、入金管理にまでいたる一連の出荷プロセスに関するオペレーションがシステマチックに行われるようになり、それがフルフィルメント業務といわれています。たとえばアマゾンドットコムは自社の独自の配送センターをフルフィルメントセンターと呼んでいます。

必要な商品を必要な場所にムダ、ムリ、ムラなく提供するSCMネットワークの中核として、利益率の向上と資産収益率の最適化を目指す先進的なロジスティクス業務が展開されているのです。

一般にフルフィルメント業務を行う場合には高度なWMS（倉庫管理システム）が導入され、労務管理、作業管理の徹底による運用コストの低減、在庫レベルの引き下げが図られます。同時に顧客満足度の向上や付加価値サービスの増加も促進されます。高度なWMSを導入することによって、モノの流れをリアルタイムで管理し、情報の流れと一致させることが可能となります。リアルタイムでの在庫情報の更新も推進されるのです。

- 最先端の物流施設に高度な情報システムをリンク
- 急激な出荷量の増大にもストレスなく対応

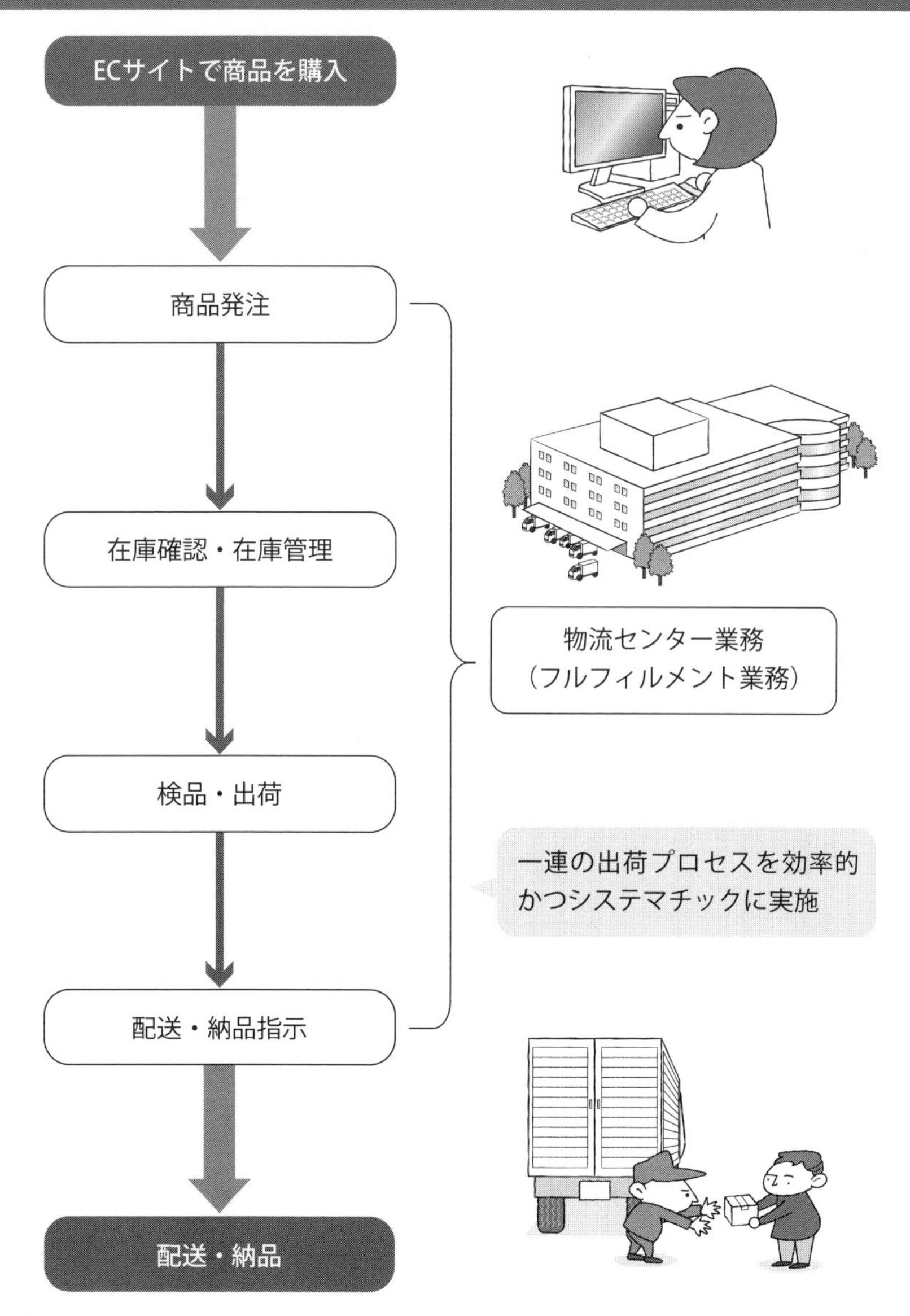
フルフィルメント業務のしくみ
ECサイトで商品を購入
商品発注
在庫確認・在庫管理
検品・出荷
配送・納品指示
配送・納品
物流センター業務
（フルフィルメント業務）
一連の出荷プロセスを効率的
かつシステマチックに実施

COLUMN

卸売業の物流センターとパレット管理

メーカーの工場から小売業ではなく、卸売業の物流センターに向けての出荷が行われることも少なくありません。取り扱う品目にもよりますが、製造業1社当たりからの出荷がバラで出荷するよりもケース単位やパレット単位になることが多くなります。

工場から卸売業の物流センターに運ばれた物品は、小売業の発注を受けて、小売業の物流センター、営業所、店舗などへ送られることになります。卸売業から小売業への出荷ではバラ出荷も多くなります。

卸売業の物流センターでは多品種少量をミスなく出荷する必要があるため、自動倉庫の配備、ピッキングシステム、ソーティングシステムの高性能化、情報システムの高度化など、最先端のマテハン装備が求められます。製造業の工場から卸売業の物流センターに出荷される物品はパレット単位が多くなります。しかし卸売業の物流センターではパレット単位の物品を今度はケース単位、あるいはピース単位でピッキング作業を行い、小売業の物流センター、営業所、店舗などへの出荷に備えなければなりません。かご車単位での店舗納品になることもあります。しかし、そうなると、工場から卸売業の物流センターへの納品に使われたパレットは一方通行になり、行き場を失い、紛失してしまうことも少なくありません。また、メーカー側からすればパレットを納品のたびに新規購入すれば、相当のコスト高となってしまいます。

そこで近年ではレンタルパレットの普及が進んでいます。レンタルパレット企業がメーカーなどにパレットを貸し出し、卸売業の物流センターにトラックを差し向けて回収するのです。たとえば、レンタルパレット大手のユーピーアールがNTTと共同開発したスマートパレット®では、RFID（ICタグ）をパレットに付着し、リアルタイムにパレットなどの物流機材がどこの拠点に何台あるかを自動的に確認したり、拠点からの出庫時間、拠点への入庫時間が確認したりできるシステムが構築されています。

第6章

物流センターのしくみ〈製造業編〉

50 グローバル化する製造業の物流センター

海外拠点と国内を結ぶ物流スキーム

LEVEL ☆☆☆

近年、製造業（メーカー）の物流センターの立地条件や役割が大きく変化してきました。とくに立地に関しては海外拠点の物流センターの役割が大きくなってきました。

日本の製造業の海外シフトが相変わらず続いています。そしてその結果、工場から製品などを輸送し、物流センターを経由して、消費拠点にモノを送り込むという一連の物流プロセスがグローバルに広がる傾向が強まっています。

日本の製造業はその生産拠点を中国や東南アジアなど、世界各国に広げています。海外の工場で生産される日本企業の製品は、海上輸送、航空輸送を経て、日本国内に輸入されたり、第三国に輸出されたりすることになります。

さらにいえば、世界規模の企業の場合、地域単位で在庫管理を行うのではなく、ワールドワイドで在庫戦略を構築する傾向が強まっています。

たとえば、中国に在庫拠点となる大型物流センターを構えれば、日本や東南アジア諸国には、そこからダイレクトに製品を送れるので、あらためて国ごとに物流センターを設ける必要はないということになります。中国の物流センターから日本国内の物流センターを経由しないで、直接、工場倉庫や店舗に納品すればいいからです。

サプライチェーン全体で在庫管理やリードタイム管理を行い、下流へのモノの流れの行方を読みながらグローバルな視点からロジスティクス戦略を展開していくのです。

もちろん、生産拠点に近い海外の物流センターから最終需要地点となる日本国内の消費地までのトー

- ワールドワイドのサプライチェーンに対応
- 部品在庫をタイムリーに供給

海外拠点からのドロップシップ方式

中国などでの生産拠点 → 中国国内などの在庫拠点（工場倉庫、検品センターなど） → 日本の工場・営業所・店舗など

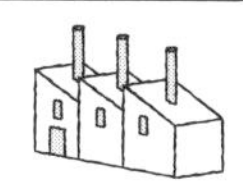

メリット

キャッシュフローの改善
在庫・輸送コストの低減
国際輸送リードタイムの短縮

日本企業の海外進出

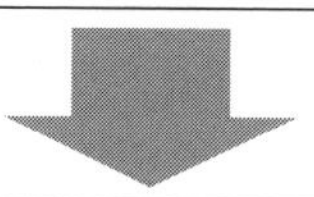

アジアワイド、ワールドワイドなどでの在庫管理体制の構築

グローバルサプライチェーンの視点からの在庫管理が求められる

タルリードタイムにも配慮する必要もあります。

こうした近年のサプライチェーンネットワークの大きな変化の影響を受けて、製造業の物流センターの機能も従来とは大きく変わりつつあります。

製造業の物流センターは、従来は日本国内の工場などの生産地に近いロケーションに建設され、部品在庫などをタイムリーに工場に供給することを前提としていました。しかし、工場などの海外移転に伴い物流センターについてもその機能を海外で発揮する必要が出てきたのです。さらにいえば、海外の物流センターには検品体制などの充実も必要です。

51 海外物流センターからダイレクトに配送

日本国内の出荷需要を的確に把握

LEVEL ☆☆☆

日本向けに商品を輸出する場合、「商取引は日本企業と輸出国の企業が行いますが、商品は中国などの別の生産地から日本に入ってくる」という状況が想定されます。貿易取引（国際商流）と国際物流が分離（商物分離）されているのです。在庫管理もこの状況に見あった形で行われることになります。

中国の工場で生産された商品は中国国内の物流センターで保管されています。

そして日本からの発注により中国国内の物流センターから日本に向けて空か海かどちらかを用いて輸出されます。日本の空港、あるいは港湾を経由して通関業務を済ませた商品は、日本国内の物流センターや販売拠点に運ばれます。

もちろん、中国の物流センターを経由しないで中国の工場から日本国内の物流センターなどに直接、輸送するといった選択肢もあります。ただしこの場合、いったん日本国内に持ってきた商品を返品などで再び中国に送り返すのは相当な手間がかかることもあります。中国の物流センターで在庫を持ち、「日本国内の需要を的確に把握したうえで輸出する」というプロセスをとるほうが望ましいのです。

また、タイは「東洋のデトロイト」を目指すべく、国策として自動車産業を強力にサポートしているので、自動車関連企業のタイ進出が目につきますが、タイ国内の自動車部品をミルクランシステム（巡回集荷方式）で工業団地を軸とした物流センターに集積させているのです。さらにいえばタイには日本向けの食品加工工場も数多くあります。生鮮野菜、果実などに加え、鶏肉加工メーカーなども進出しています。それにあわせて日本企業の物流センターも建設されています。日本式の温度管理、品質管理などのノウハウも導入され始めています。

- ミルクランシステムを効率的に活用
- 温度管理、品質管理のノウハウを導入

グローバル対応のミルクランシステムのしくみ

サプライヤー（取引先）間をミルクラン巡回したあと、物流センターで集約保管管理する。ただし、必要に応じて、ミルクラン巡回後、ジャストインタイムで海外工場に直接納入する。

ミルクランシステム（巡回集荷方式）

複数の酪農家の間を巡回し、牛乳を集荷するように似ていることから命名された巡回型の集荷システム。

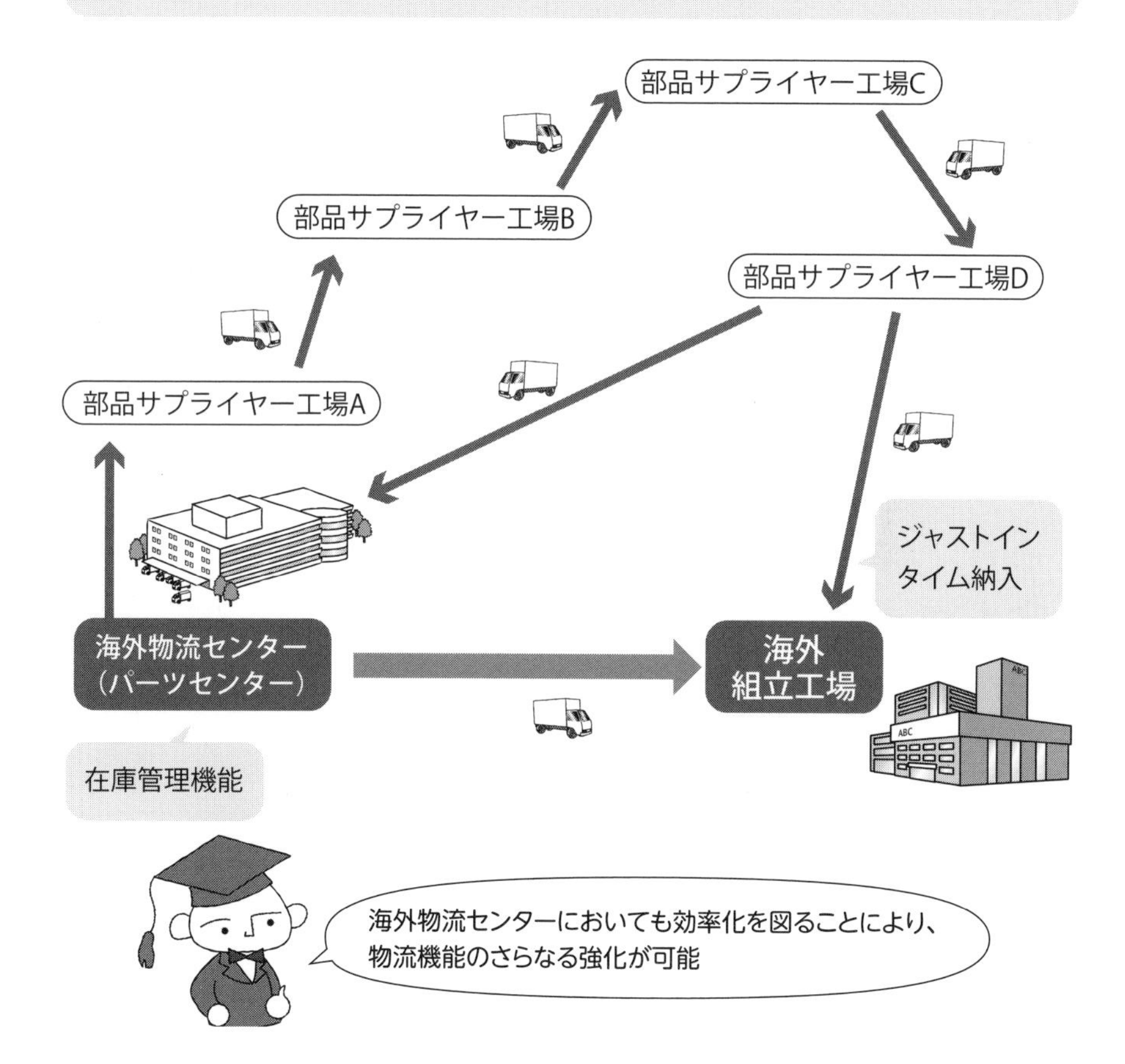

52 保税倉庫の特性を活用

検品、検針、ラベル貼りなどを効率化

LEVEL ☆☆

製造業の海外進出などに伴い、中国などの保税地域に物流センターを構え、輸出に際しての検品業務などを充実させるという物流ビジネスモデルが増えてきました。

保税とは、輸入された貨物が通関を済ませていない状態のことです。通関前の輸出、輸入の許可を受けていない貨物は保税地域のなかに蔵置されることになります。また保税地域にある倉庫、あるいは物流センターのことを保税倉庫といいます。

保税倉庫を使うことで、通関前の検品、仕分けなどが可能になります。不良品などが見つかった場合にも通関することなく、積戻しをすることが可能になります。輸送料、保管料などについて消費税がかからないなどの税金面でのメリットもあります。

国際物流の荷役には海運における船内の荷捌き（船内荷役）、沿岸における荷捌き（沿岸荷役）、さらには保税倉庫などにおける仕分け、ピッキングなどの業務があります。

保税地域にある物流センターにおける流通加工としては、保税地域などにおける輸出入する製品の検品、検針、ラベル貼り、梱包などがあげられます。いずれも税関を通る前に作業が行われることになります。

包装・梱包作業は、輸出入される製品などの特性を十分理解しつつ、コンテナ、パレット、通い箱、段ボール箱などを上手に活用していきます。

さらに国際物流の情報管理には、グローバルな視点から在庫管理システムを導入していくことが不可欠になります。また、コンテナ貨物の位置情報などを可視化するためにコンテナ管理システム、通関処理システムなどの効果的な活用も必要になります。

たとえば、中国の生産拠点が上海にあれば、上海

POINT
- スムーズな返品スキームを構築
- 通関処理システムなどの効果的活用を推進

日本の保税地域の種類と機能

種類	主な機能	貨物の蔵置期間
①指定保税地域	外国貨物の積卸、運搬、一時蔵置	1カ月
②保税蔵置場	外国貨物の積卸、運搬、長期蔵置	2年（延長可能）
③保税工場	外国貨物を原料とする加工・製造	2年（延長可能）
④保税展示場	外国貨物の展示・使用	税関長が指定する期間
⑤総合保税地域	外国貨物の積卸、運搬、長期蔵置、加工・製造、展示	2年（延長可能）

出典：税関ホームページ

海外の保税地域のメリットを最大限に活かして、
グローバルな物流戦略を構築しよう

近郊の工場から出荷された製品を保税区の倉庫を経由して日本に輸入するというスキームになります。

繰り返しになりますが、保税地域にある限りは輸出入の手続きが行われていないわけですから、物品に欠陥が見つかった場合でも工場などへの返品が比較的スムーズに行えます。この利点を十分に活用して海外在庫を活用していくことがグローバル企業の物流戦略の重要なポイントといえるでしょう。もちろん、保税地域については、日本、中国以外のあらゆる国に存在します。近年、重要性が高まっている東南アジアなどについても、いかに戦略的に保税地域を活用するかを入念に考える必要があります。

53 製造業のパーツセンターの活用

部品サプライチェーンの司令塔として機能

LEVEL ☆☆

製造業の関わる物流センターはパーツ（部品）センターと完成品の配送センターに分けて考えることができます。ただし、配送センターは小売業が荷主になり、３ＰＬ企業などが運営することが多いため、製造業が直接関わるセンターはパーツセンターということになります。パーツセンターは調達物流の起点となります。

パーツセンターには原材料や部品などが入荷、保管、荷合わせされ、工場の生産計画などにあわせて出荷されます。パーツセンターに入荷された原材料や部品は荷卸しのあとに検品されます。検品が済むと所定の棚などのスペースに格納されます。同時にコンピュータで入庫登録を行い、保管数が計上されます。パーツセンターでは出荷指示が出ると、物品は保管エリアからピッキングリストに基づいてピッキングされます。

ピッキングが終わると物品は梱包され、出荷先別の仕分けが行われます。無論、梱包や出荷処理が複雑ならば、物流コストも増大することになります。包装の簡素化を推進し、あわせて納品書の発行や出荷検品が行われます。その際、包装の簡素化を推進したり、迅速にムダなく出荷処理を行ったりすることが重要になります。

なお、近年はパーツセンターで簡単な部品などの組立作業を行ってから、組立工場に出荷するという傾向が強くなっています。

物品は仮置きを経てトラックに積み込まれます。仮置き場のスペース管理がきちんとできているか、また出荷先へのトラックの積載効率やトラック便数、車両規模などが適切かどうかも入念に検証する必要があります。さらに工場で生産された完成品は小売業の配送センターなどに出荷されていきます。

- 迅速にムダなく出荷処理を実施
- 包装の簡素化を推進

製造業の物流センター

製造業向けの物流センターは、工場の生産計画、調達計画などと密接にリンクしているケースが多い。パーツセンターでは、簡単な部品などの組立作業が行われてから工場向けに出荷されることもある。

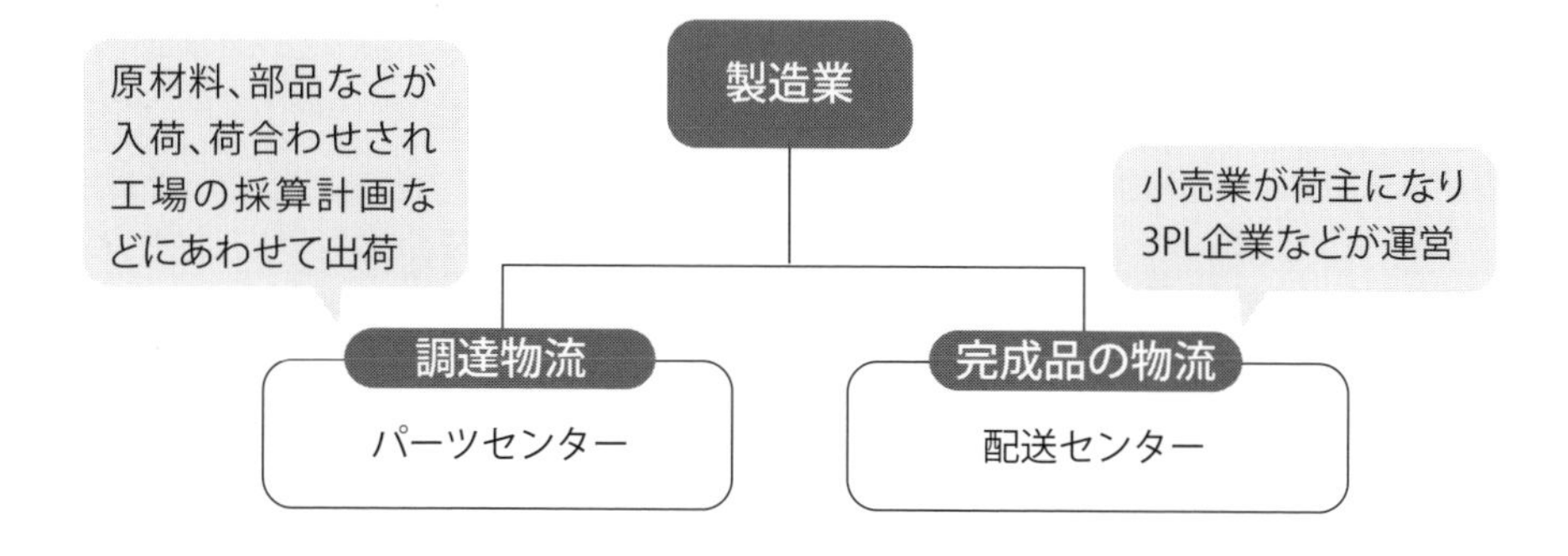

パーツセンターのオペレーションの流れ

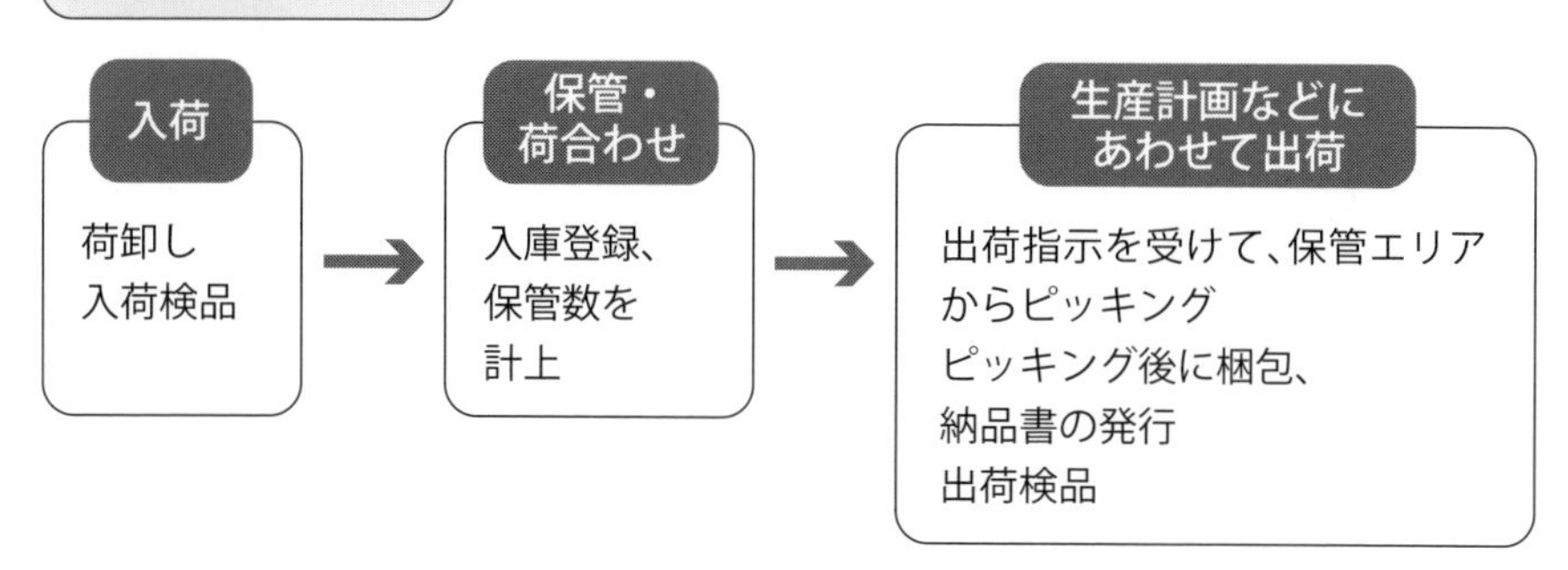

似た部品が数多く存在するパーツセンターでは、バーコード検品の導入に加え、目視面から検品作業を補完する勉強会などの開催も行う必要がある。また、確実な検品や出荷のスキルが要求される

54 複数の外部倉庫を大型センターへ集約

トータル在庫量の調整を推進

LEVEL ☆☆

海外の物流拠点が増加傾向にあるのに対して、近年の製造業の国内物流拠点は集約の傾向を強めています。複数の物流拠点がある場合、拠点を集約し、トータル在庫量を調整し、物流コストを削減するという戦略を進めています。もちろん在庫拠点数が少なければ在庫管理が容易になります。

言い換えれば、分散型システムから集約・統合型システムに変えることで安全在庫量を減少させているのです。

たとえば、メーカーのそれぞれ700㎡の3カ所の外部倉庫を新拠点に集約します。その際、過剰在庫の処理もあわせて行い、新拠点のスペースを1500㎡程度に抑え、同時に600㎡のスペース分の在庫削減を進めるのです。

物流センターが多ければそれぞれで在庫を必要とします。「同一アイテムが複数の物流センターにダブって保管される」ということになりがちです。けれども物流センターを1カ所に絞ってしまえば在庫の重複が解消されます。それぞれのカバーするエリアが異っていても在庫の可視化が可能となるからです。

あるアイテムの個数が物流センターごとに見えなければ、各センターはそれぞれ必要以上の在庫を持たざるをえないでしょう。しかし集約され、在庫情報がネットワークでつながっていれば在庫水準の徹底した最小化も実現できます。トータル在庫量が削減されれば保管スペースも縮小できます。保管コストの削減も可能になります。

なお、物流拠点の集約にあたっては新拠点のロケーションや輸配送のカバーエリアについても十分に吟味する必要があります。たとえば輸配送のカバーエリアがどの範囲まで及ぶかということもトー

- 新拠点のロケーションを入念に検討
- リードタイムや輸配送コストへの影響に配慮

増えすぎた外部倉庫の在庫を１カ所に集約！

外部倉庫を集約することで在庫の重複を解消し、効率的な輸配送ネットワークを構築することが可能になる。あわせて集約後の物流センターには最新設備、最新情報システムなどを導入し、省力化、省人化などを進める

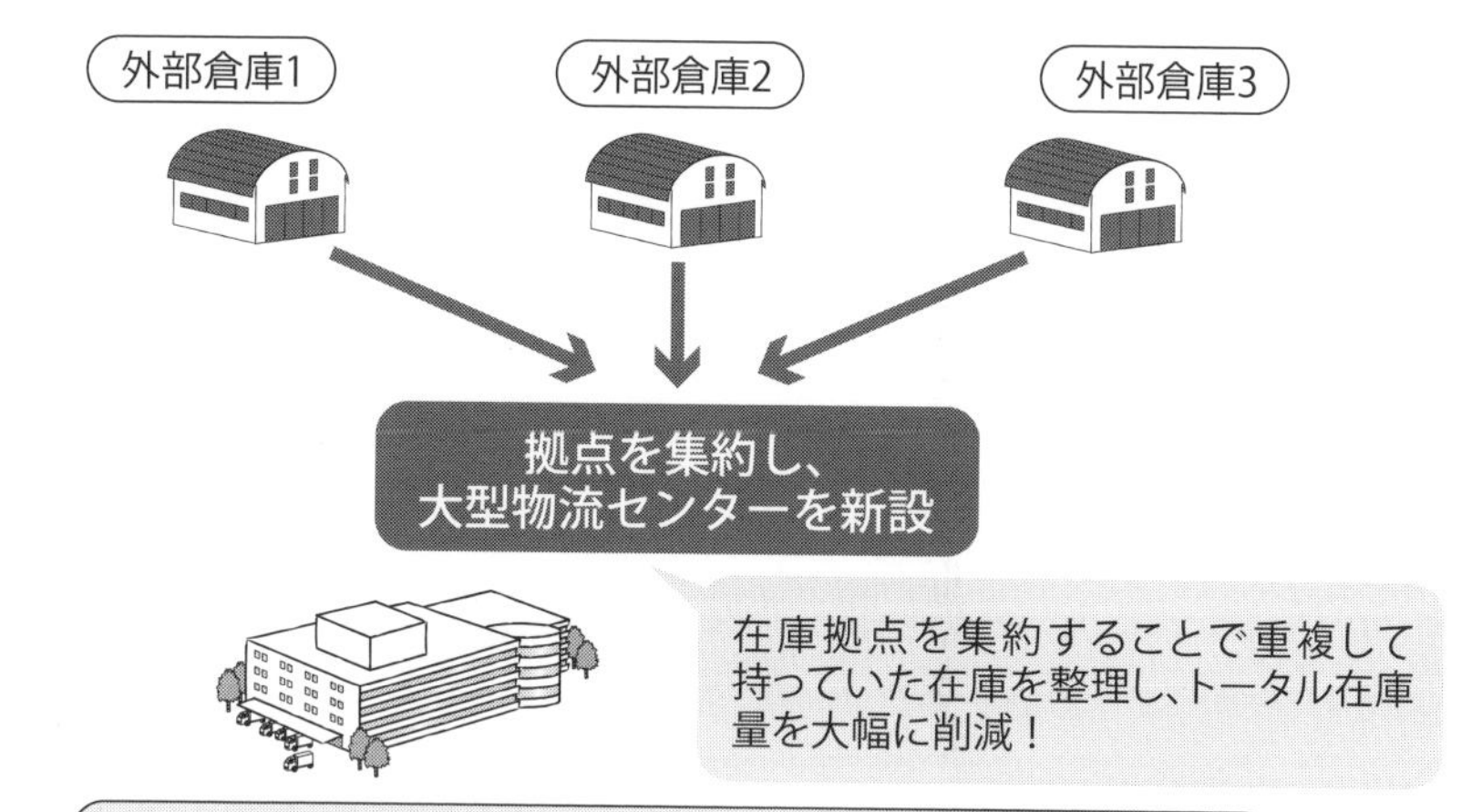

物流拠点の集約にあたっては新拠点のロケーションや輸配送のカバーエリアについても十分に吟味する必要がある

タル在庫量に大きな影響を与えることになります。

　場合によっては拠点集約がリードタイムや輸配送コストに対してマイナスに働くこともあるからです。拠点集約により、輸配送距離が大幅に伸びてしまう可能性もあります。

　外部倉庫に在庫を保有しなければならなくなる主な理由としては「予想以上に商品が売れなかった」などの甘い需要予測、販売予測などによる在庫増などが考えられます。せっかく高い賃料で外部倉庫を借りても、そこで保有する在庫の多くが過剰在庫として処分に困っているというケースも少なくありません。外部倉庫の過剰在庫を整理し、拠点集約を実現することで、在庫管理の効率化を進められるわけですが、在庫戦略、販売戦略、生産戦略にスキがあるような企業体制では、在庫増に再び悩まされるリスクがあることにも留意しておきましょう。

55 卸売業の物流センターの特性を理解

多品種少量をミスなく出荷

LEVEL ☆☆☆

卸売業といっても食品、医薬品、書籍、日用雑貨品など、取扱う品目は多岐にわたります。ここではそれらの物流センターについて最大公約数的な視点から解説します。

一般的に製造業の工場から小売業ではなく、卸売業の物流センターに向けての出荷が行われることも少なくありません。取扱う品目にもよりますが、製造業1社ごとにバラで出荷するよりもケース単位やパレット単位になることも多いです。

製造業の工場から卸売業の物流センターに運ばれた物品は、小売業の発注を受けて、小売業の物流センター、営業所、店舗などへ送られることになります。卸売業から小売業への出荷ではバラ出荷も多くなります。

卸売業の物流センターでは多品種少量をミスなく出荷する必要があるため、高度な自動倉庫の配備、ピッキングシステム、ソーティングシステムの高性能化、情報システムの高度化など、最先端のマテハン装備が求められます。前述したように製造業の工場から卸売業の物流センターに出荷される物品はパレット単位が多くなります。しかし卸売業の物流センターではパレット単位の物品を今度はケース単位、あるいはピース単位でピッキング作業を行い、小売業の物流センター、営業所、店舗などへの出荷に備えなければなりません。小売業からの「商品を小分けしてほしい」という要望の声が強くなってきたことを受けてのことでもあります。

近年は取扱いアイテム数が膨大な数になることも少なくないので、このピッキング作業を手作業で行うのは、物流センター側にとってはかなりの負担となります。誤出荷の原因にもなります。そこで開発されたのがピッキングの自動化ですが、あわせて自

- 工場からのパレット単位の出荷に対応
- 最先端のマテハン装備を実現

物流設備の種類

コンベヤ、エレベータ、搬送機、フォークリフト、手押し台車などの物流センター内の搬送に用いられる物流設備、物流機器

保管設備

ラック、自動倉庫など

仕分け設備

自働仕分け機など

在庫管理システムとの連携

ピッキング設備

デジタルピッキングシステム、ピッキングカートなど

卸売業の物流センターでは多品種で少量の商品をミスなく迅速に出荷するシステムの設計と構築がカギとなる

動倉庫とのリンクも進められるようになりました。

　繰り返しになりますが、卸売業向けの物流センターは、多数の製造業からの商品を在庫としてかかえ、多くの小売店、あるいは小売向けの物流センターに出荷するという性質から、高機能の自動倉庫、仕分け設備、ピッキング設備の導入が不可欠になります。同時に緻密な多品種多頻度小口の配送システムにおいて、誤出荷などのリスクも注意しなければなりません。

　また、製造業や小売業の要求をヤミクモに受け入れているだけでは、物流センター内の在庫が増加する一方です。独自の視点からの在庫戦略を物流センター運営に活かす工夫も必要です。

56 製造業、卸売業の物流戦略の変革

問われる卸売業の存在意義

LEVEL ☆☆☆

業界によって差はありますがメーカー各社は、以前は各社各様の物流システムの構築を進めていましたが、近年では業界で統一された共通の基盤としての物流システムの構築を目指す動きが活発になってきています。

たとえば日用品業界では共同物流の導入が進み、その受け皿ができあがりつつありますし、アパレル業界では物流用のハンガーの規格を統一する「百貨店統一ハンガー」の導入が議論され、アパレル業界の物流の標準化、基盤整備の動きも出てきています。物流コストの低減だけのためではなく環境対策などもふまえて「物流は共同で、競争は店頭で」という流れが大きくなっています。

一方、卸売業各社はインターネットの普及や流通チャネルの改革などによる「流通の中抜き」の影響を大きく受けています。流通の中抜きとは、「卸売業や小売業を飛び越えて、メーカーが直接、消費者に商品を販売するシステム」のことです。インターネットを介することによって、この流れが加速すると考えられているのです。実際、消費者がメーカーから直接、商品を購入できるシステムができあがりつつあります。そのため卸売業は大きな危機感を抱き、IT化を推進しての在庫管理体制の中軸となる道を模索しています。小売業が必要とするさまざまな商品をメーカー各社から取り寄せ、過剰在庫や欠品を発生することなくタイムリーに商品を補充していくシステムを構築することで存在感を高める戦略に出ています。

他方、3PL事業などを推進し、メーカー、卸売業、さらには小売業のそれぞれの物流センター運営を多面的にサポートしていく物流企業にも従来型からの脱皮が望まれています。物流に科学のメスを入

●業界単位の物流ネットワークの構築を推進
●サプライチェーンを束ねる卸売業の物流センター

「流通の中抜き」への流れ

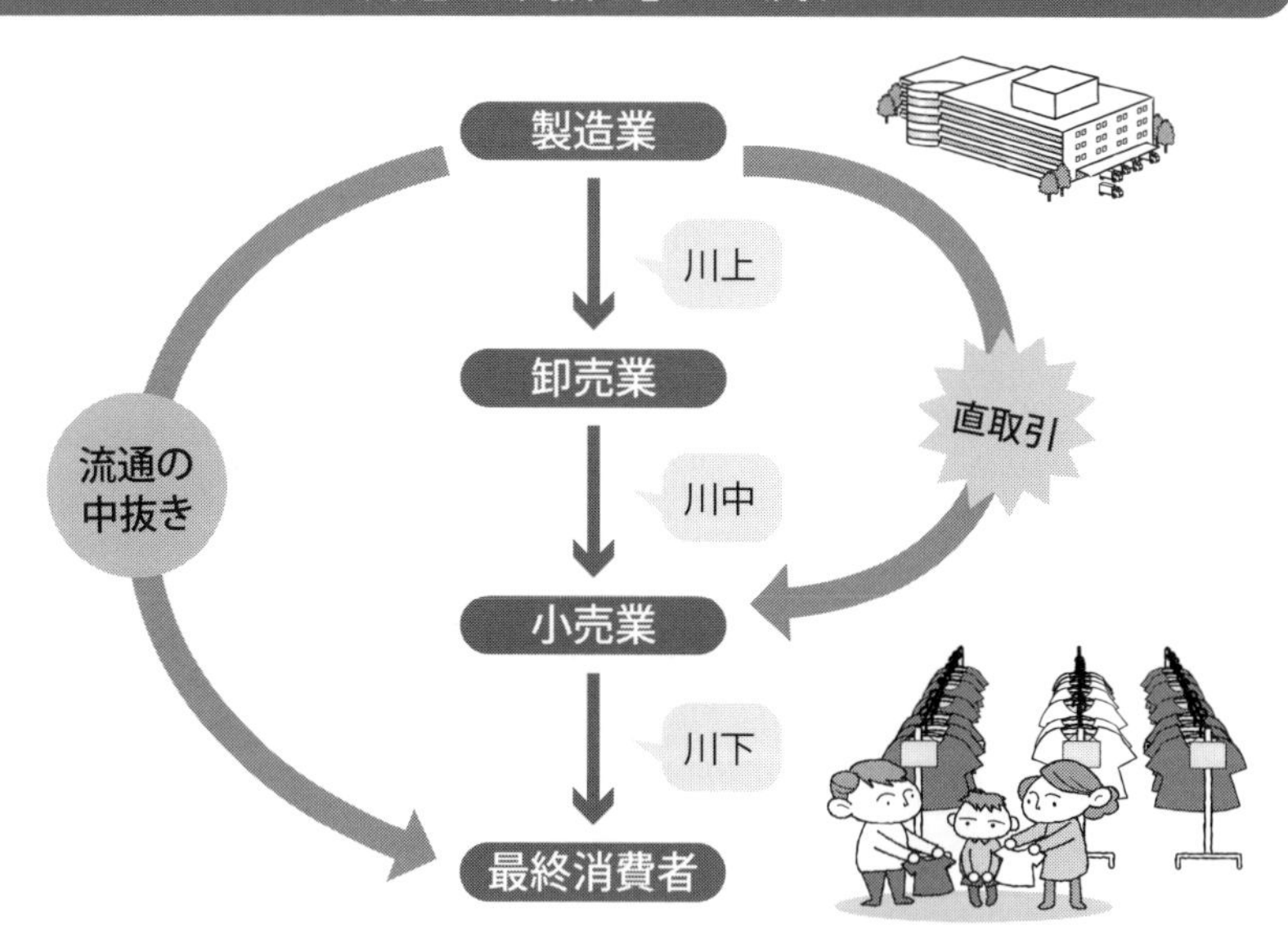

製造業から卸売業を飛ばして、直接、小売業、あるいは最終消費者にリンクするという流れ
卸売業は IT 化への対応、多頻度小口型のロジスティクスシステムの高度化で対応

れながら企業の全体最適にいかに貢献していくかを明確にする必要が出てきているともいえるでしょう。

　サプライチェーンの各ステージに存在してきた物流センターを整理し、多段階化を解消していくというのも大きなトレンドです。

　たとえば、製造業、卸売業、小売業のそれぞれが保有している物流センターを卸売業のセンターの機能を強化することにより、サプライチェーンを束ね、製造業や小売業の物流センターの規模の最小化を図っていくのも一策です。サプライチェーン全体のなかでいかに物流システムを構築していくかということをより戦略的に考えていく時代に突入したのです。

COLUMN

ピッキングリストの工夫

ピッキングリストを見やすくすることで作業効率が格段に向上します。

ピッキングリストに品番、サイズ名、伝票番号などが明記されているものの、非常に細かいために作業に当たってはスピーディに必要な情報を読み取れないということがあります。

ピッキングの全体量が少なければ、それでも対応できるかもしれません。しかし、在庫量が増えて保管エリアが増設、それにともなって、ピッキング量が大きく増えるようなことになれば、誤ピッキング、誤出荷を誘発する動因にもなります。

こうした場合、ピッキングリストにロケーション位置を入れ、価格などのピッキング作業に不要な項目は削除して、必要な情報のみを記載するようにすることでリストが見やすくなります。ピッキングの位置、商品名、ピッキング数量などが大きく表示されていれば作業ミスがなくなり、誤ピッキング、誤出荷を防ぐことができるのです。

また、ピッキングリストの順番を工夫して「一筆書きピッキングリスト」にすることも、作業効率を向上させるうえで有効です。

ピッキングをI字歩行、あるいはZ字歩行で行いたいと考えていても、ピッキングリスト通りにピッキング作業を進めると、動線が蛇行し、I字歩行、Z字歩行ができません。リストを見ながらI字歩行、Z字歩行を行おうとしても、リストの順番通りにならないのでピッキング行の見落としや誤ピッキングが発生してしまうのです。しかもそれを避けようとすれば慎重に作業を行うことになり時間がかかり、通路の渋滞も発生してしまいます。

しかしピッキングリストが一筆書き順になるように工夫することで、順番に作業を行うことが可能になり、I字歩行やZ字歩行が自動的にできるようになります。

このようにピッキングリストを工夫することで作業効率は各段に向上することになるのです。

第7章

〈業界別〉物流センターの運営

57 日用品業界による共同物流の導入

積載効率の向上を実現

LEVEL ☆☆☆

日用品といってもさまざまな種類の商品がありま す。日用品とは「日常生活に使用する商品のことで洗剤やトイレタリー用品、キッチン用品などのこと」と考えることにしましょう。

代表的なのは花王の物流改革で、同社は1970年代以降、ロジスティクスの高度化に力を入れてきました。いち早く自動倉庫を導入したり、物流拠点の集約化を進めたりしました。広域ロジスティクスセンターの機能強化にも力点を置きました。

さらにいえば量販店などとの取引に対して電子発注システムを導入するなど、IT武装の強化にも他社に先駆けて取り組み始めました。また、在庫戦略についても、適正在庫量に十分な注意を払い、売れ筋商品や定番商品の在庫切れについては極力、回避するようにしました。

このように花王は業界最先端ともいえるロジスティクス戦略を推進してきました。これに対して競合他社は物流においては大同団結する姿勢を固めていきます。花王のライバルであるライオンなどが選んだ選択肢は「共同物流の導入」だったのです。

1987年にライオン、十条キンバリー、ネピア、エステー化学などが商品の共同保管、卸店への一括配送を「共同配送実験」という形で始めました。物流の量的増加による人とトラックの不足を補い、多頻度小口納品の増加によるトラック輸送の積載効率の低下に歯止めをかけることが主たる導入の理由となりました。翌年にはサンスター、資生堂、ユニ・チャーム、牛乳石鹸共進社なども参加しました。これが日用品業界の共同物流の基盤に結びついていき、「競争は店頭で、物流は共同で」を合言葉に

- 適正在庫量を十分に考慮
- 競合企業が共同で物流センターを運営

同業種・異業種の共同物流の違い

共同物流

①同業同士の共同物流

- 積み合わせ配送が可能な同業界の商品が対象
- 輸配送条件が共通するため、共通基盤を構築しやすい

②異業種・異業界企業による共同物流

たとえば、早朝配送する商品と夜間配送する商品、夏型の商品と冬型の商品といった組み合わせの場合、共同輸配送、共同保管が大きな効果を発揮する

環境にやさしく、物流コストの低減にも大きく寄与する共同の物流センターの運営を始めたのです。さらに２０１６年より日用品共同物流研究会が開催されています。

　共同物流という発想は当初、「自分で自分の首を絞めるようなものだ」ともいわれました。また、荷主企業にとっても自社とライバル関係にある同業者と在庫や輸配送ネットワークを共有するということは、新商品の情報や販売戦略なども筒抜けになるというリスクがあります。しかし、時代の潮流は大きく変わり、日用品業界による共同物流の導入をきっかけに他業界でも共同物流を目指す流れが加速してきています。

58 温度管理を充実させるコンビニの物流センター

異なる温度帯に緻密に対応

LEVEL ☆☆

コンビニエンスストアの物流センターの新設に際しては既存のセンターとの位置関係や高速道路や主要幹線道路とのアクセス事情などが考慮されます。エリア内の店舗に可能な限り迅速に物品を供給できるかどうかが検討されます。コンビニの物流は原則として3温度帯、あるいは4温度帯対応となっています。3温度帯とは、常温あるいはドライ（10～15℃）、チルド（マイナス5℃～5℃）、フローズン（マイナス15℃）で、これに米飯（20℃前後）が加わると4温度帯となります。物流センターが温度帯ごとに分かれているケースが多くあります。

すでにご紹介したように、弁当、牛乳などのチルド系商品については通過型で処理されますが、常温商品やフローズン（冷凍食品）など、ある程度の期間保管が可能な商品については保管型のスキームが組まれます。一般に菓子、加工食品、酒類の3カテゴリーの常温商品を補完するセンターは200～500店舗程度をカバーすることが前提とされるようです。なお、書籍や雑貨品についてはチルド系商品、冷凍食品、常温食料品とは別のセンターから配送されることになります。また惣菜、パン、米飯などについては各食品メーカーの工場からデイリー配送センターに運ばれ、そこから各店舗へと配送されます。

物流センターは発注データに基づいて、店舗別の仕分作業を行います。店舗への配送は1日2～4回転程度となります。常温商品やフローズンの場合、センターでは原則的に出荷先ごとに商品を保管場所から集めるオーダーピッキング（摘み取り式）が採用されます。迅速な処理が必要とされるために高度なデジタルピッキングシステムが導入されています。

他方、チルド商品については、複数の種類の商品

- 発注データに基づいて店舗別の仕分け作業を実施
- 温度帯ごとに緻密な物流システムを構築

コンビニエンスストアの物流センターの温度帯別特徴

温度帯	取扱品目	温度帯管理
常温	スナック菓子、加工食品、調味料など	温度管理は行われていない
チルド	乳製品、魚肉練り製品、麺類など	−5℃〜5℃の間で管理
フローズン	アイスクリーム、冷凍食品など	−15℃以下で保存、管理
米飯	焼立てパン、弁当など	20℃前後で管理

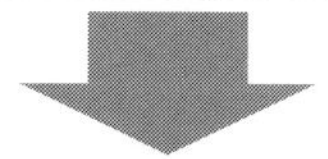

温度帯別に物流センターから共同配送を実施

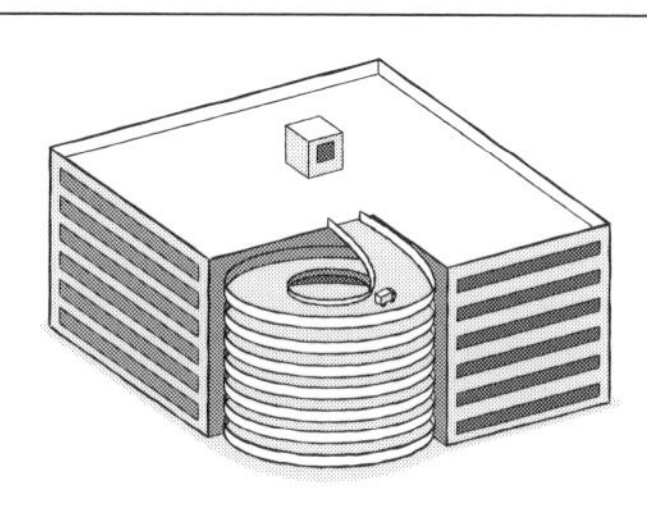

をまとめてピッキングして後で配送先ごとに仕分けを行うバッチピッキング（種まき式）が採用されることが多くあります。種まき式は出荷数が少なく二重チェックが必要な在庫管理などにおいて優れています。このように取り扱う物品により、ピッキング方法や在庫管理の基本的な考え方が異なってきます。

ちなみに、こうした複雑な物品別の温度帯別の管理が、コンビニエンスストアの物流の大きなストレスとなっているということは否めません。したがって、その点をふまえて、複数の温度帯に同時に対応できる大規模かつ現代的な物流センターの建設と運営が実践できる環境作りも大きな課題です。

なお、コンビニエンスストアが24時間営業であるという性質上、コンビニエンスストア向けの物流センターについても24時間体勢で対応できるというほうが望ましいといえます。

59 季節で品ぞろえの変わる家電業界の物流センター

共同プラットフォームの構築を画策

LEVEL ☆☆☆

家電の物流センターの在庫管理については、たとえば、エアコンなどは初夏から盛夏にかけての出荷頻度が高くなるなど、季節性を考慮する必要があります。また、パソコンをはじめ、商品のライフサイクルが短くなっている関係から、商品の型、さらには荷姿が短期間で大きく変わることも多いため、庫内レイアウトの変更が相当に頻繁に行われることも少なくありません。

従来は各家電メーカーの物流センターから家電量販店などのセンターに向けて個別に配送が行われ、そのうえで量販店のセンターで発注を待ち、各店舗に運ぶというスキームがとられていました。しかし近年は、この物流スキームを「なんとか共同化できないか」という視点から改革が進められています。

すなわち各メーカーの貨物を「物流プラットフォーム」でクロスドッキング方式で荷合わせを行うという方式への変更が考えられます。各メーカーの物流センターからの集荷は家電量販店の各店舗への配送を終えたトラックの「帰り荷」となります。

家電メーカーと家電量販店が共同で物流スキームを組み立て、コスト削減と環境負荷の低減を念頭に入れたしくみ作りが必要となっているのです。

なお、自動補充型システムの一つであるVMI（ベンダー管理在庫）を採用しているセンターでは、納入業者ごとに保管スペースを確保する必要から固定ロケーションでは保管効率が悪くなります。そこで先入れ先出し法の容易なフリーロケーションを採用して作業効率と保管効率の向上を図ります。あわせて入庫、格納、出庫といった一連の作業をスムーズに行える流動ラックを活用したり、入庫作業や出庫作業を自動的に行う自動倉庫を設置したりしてスペースの有効活用を図ります。

●取扱商品の変化で変わる荷姿
●フリーロケーションの活用で効率化を推進

家電製品の物流管理

家電関連の物流管理

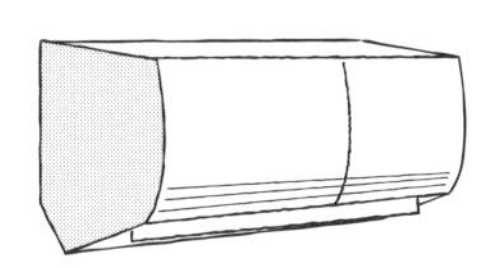

季節性商品
ライフサイクル

十分に考慮!

季節により取り扱う物品の荷姿が大きく変化するため、物流センターの庫内レイアウトをそれにあわせて変更する必要がある

家電業界の共同プラットフォーム

メーカーと家電量販店の協力

共通の物流インフラの構築

家電メーカー ⟷ 家電量販店

季節により取り扱う物品が変わると荷姿の変化にも対応しなければならない

60 仕分けが中心となる宅配便センター

増加する取扱量への対応が課題

LEVEL ☆☆☆

宅配便センターについては、ヤマト運輸を中心とするヤマトグループが総額約2000億円を投入して推進している「バリュー・ネットワーキング構想」が注目されています。情報ネットワークをクラウド化、高度化し、ノンストップ型の物流システムを構築するという構想です。その中核拠点として「羽田クロノゲート」という日本最大級の物流ターミナルを建設しました。ネット通販市場などの拡大を受けて、宅配便事業の規模がさらに大きくなることに対応しました。

コンビニ、宅配便営業所などでの集荷後、宅配物はエリアを統括する大型の宅配便センター（ベース）に持ち込まれます。ここで行先別に仕分けされ、送り先エリアの宅配便センターに運ばれます。さらに送り先エリアの宅配便センターで届け先ごとに仕分けされ、営業所を介して、あるいは直接、配送されます。

このように宅配便の流れを見てみると、仕分け作業が宅配便を円滑かつ迅速に行ううえで重要な役割を担っていることがわかります。

通常、仕分け作業は、1次仕分け、2次仕分けといった複数回の仕分けが行われます。まずは集荷元の拠点（ベース）別に仕分けを行い、さらに配送先の各拠点で最終仕分けが行われます。最先端の仕分けシステムの導入も進んでいます。

手作業の場合は、仕入れ情報が記入されたリストやバーコードをハンディターミナルで読み取るといった形で行いますが、宅配便のように莫大な量を処理しなければならない場合には自動仕分け機が使われます。ピッキング済みの物品をコンベヤで搬送し、コンベヤ上でバーコードなどから仕分け先情報を読み取るようにします。

- コンベヤ上で仕分け先情報を読み取り
- 複数回の仕分け作業を効率的に実施

宅配便の基本フロー

コンビニ、営業所などでの集荷

エリアを統括する大型の
宅配便センター

行先別に仕分け

配送先の各エリアの営業所

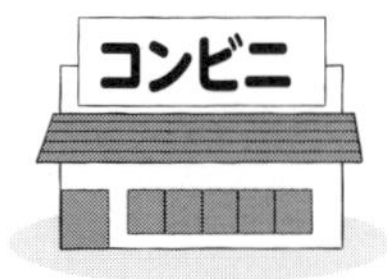

重要な仕分けシステム

１次仕分け、２次仕分けなどの複数回の仕分けが必要

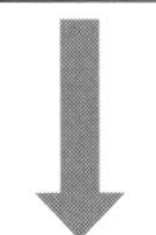

自動仕分け機の活用
ピッキング済みの物品をコンベヤで搬送し、コンベヤ上で仕分け情報を読み取る

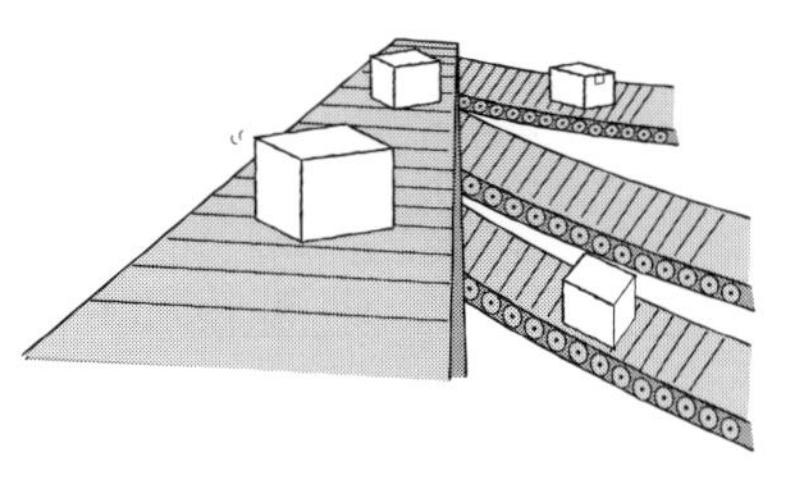

61 多岐にわたる自動車パーツの物流センター

異なる部品どうしをあらかじめ組み立ててから納品

LEVEL ☆☆☆

一般に自動車の生産物流にはあらゆる産業のなかでも最も多い部品、資材などが使われています。そのため「自動車の調達物流、生産物流がわかれば、他の物流についてもスムーズな理解が可能になる」といわれるほどに高度で複雑な物流が展開されています。自動車の調達物流、生産物流はそれほど大きな規模で高い物流品質が求められるといっても過言ではないでしょう。

それゆえ、自動車関連のパーツセンターは多岐にわたり、一概に「これが自動車関連の物流センター」ということは難しいといえるでしょう。

ただし、数多くの部品が存在することから、その部品の管理、調達をスムーズにするためにパーツセンターが存在します。

また、たとえば、タイヤは従来はそのままの形でタイヤメーカーから自動車メーカーのパーツセンターなどに収められ、生産計画に基づいて、組立工場に出荷されていました。しかし、近年はパーツセンターで別に入荷するホイールと組み合わされたうえで、組立工場に出荷されることが多いようです。組立工程をパーツセンターで行うことにより、組立工場における手間を省くことができることになるのです。

なお、ボルトやナットなどの部品は同じような形をしているものの、サイズや形式などが多種多様にあり、しかもそれが目視では違いが確認できないという物品が少なくありません。その場合、確認は品番やバーコードでしかできないことになりますが、誤出荷や誤納品の原因にもなりかねません。

そこでパーツセンターでは、部品に関する勉強会を行い、作業者がわずかな差異でも物品の違いがわかるように専門知識を習得させています。

- 誤出荷、誤納品を徹底的に回避
- 物品の違いのわかる専門知識を習得

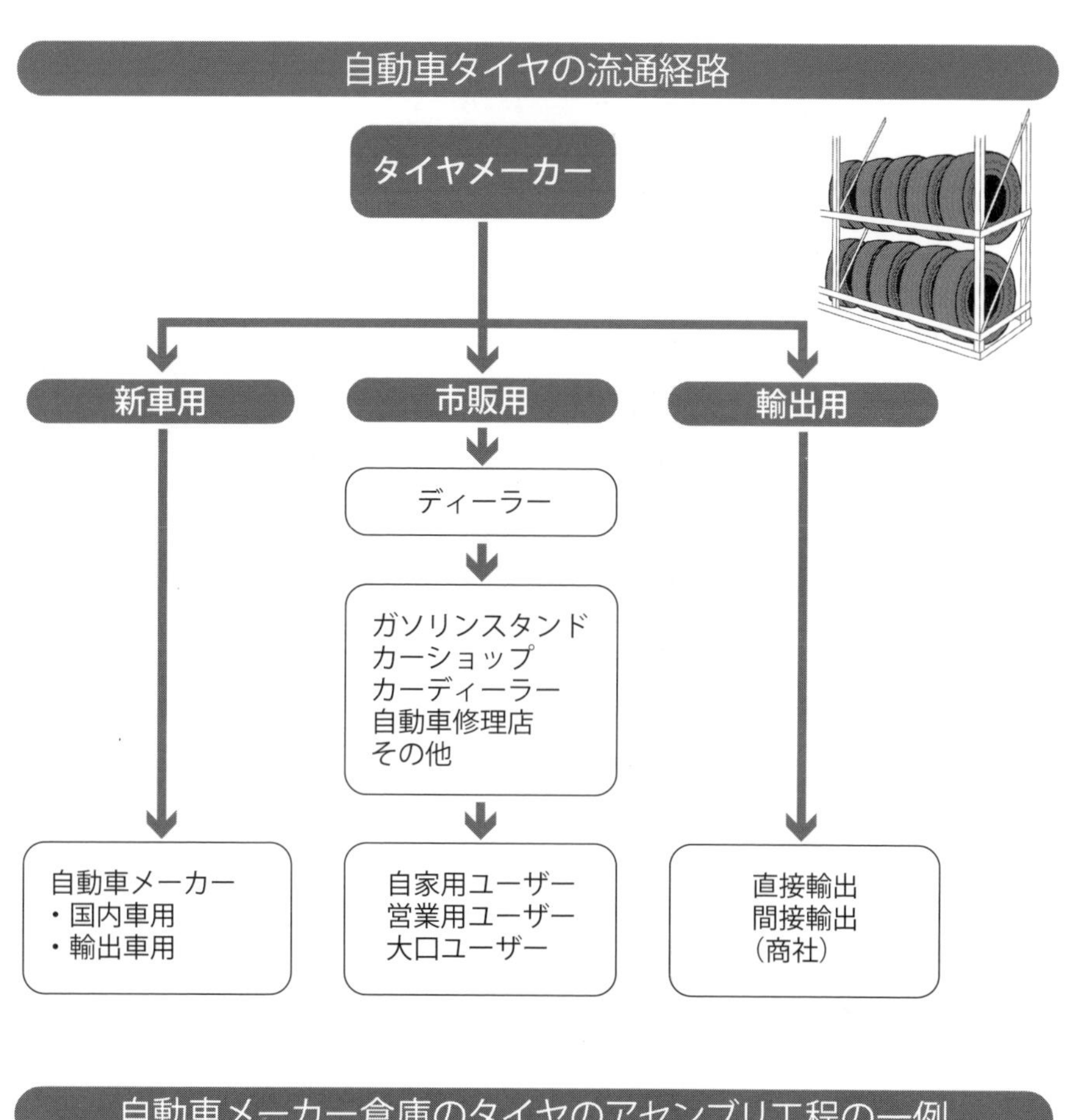
自動車タイヤの流通経路
タイヤメーカー
新車用
市販用
輸出用
ディーラー
ガソリンスタンド
カーショップ
カーディーラー
自動車修理店
その他
自動車メーカー
・国内車用
・輸出車用
自家用ユーザー
営業用ユーザー
大口ユーザー
直接輸出
間接輸出
(商社)

自動車メーカー倉庫のタイヤのアセンブリ工程の一例

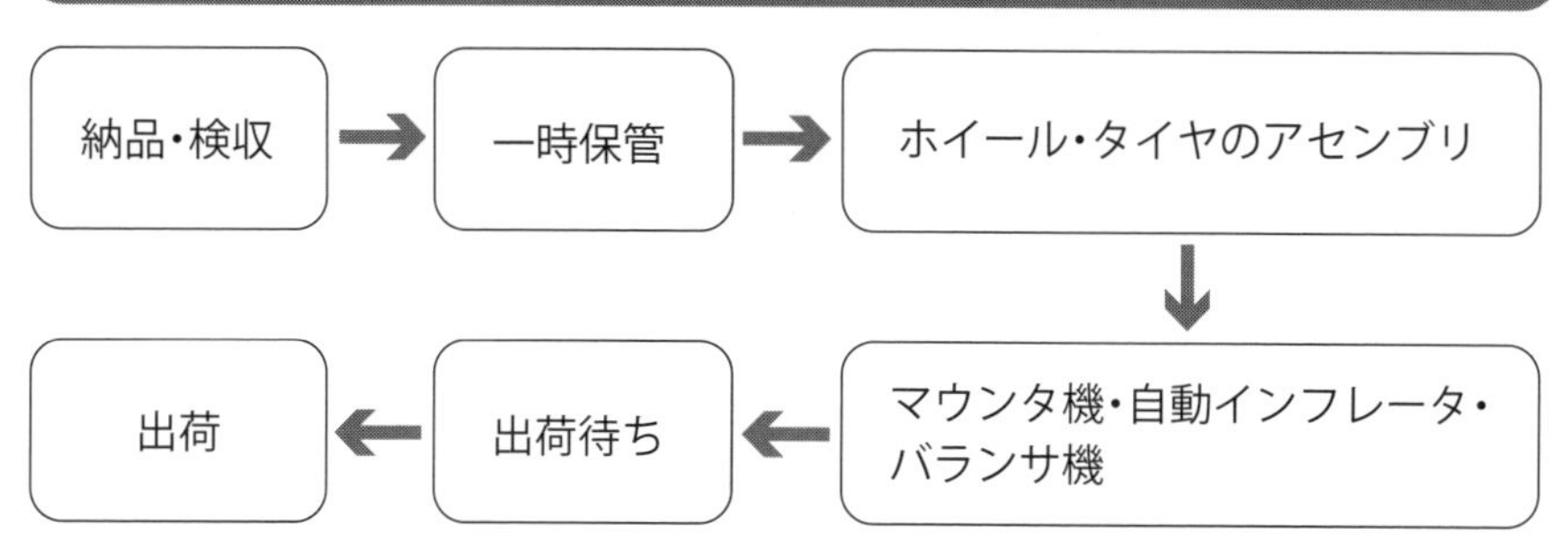
納品・検収
一時保管
ホイール・タイヤのアセンブリ
マウンタ機・自動インフレータ・バランサ機
出荷待ち
出荷

62 ハンガー単位で納品するアパレルの物流センター

掛け換えのコストを削減

LEVEL ☆☆

アパレル物流の特徴は店舗への納品にあります。物流センターから店舗へ段ボールで納品するほかにハンガーに吊したハンガー納品という選択肢があるからです。

アパレルの物流の大きな特徴ともいえるハンガーに吊るしたまま輸配送や保管を行う「ハンガー物流」は高級服の輸送を鉄道により行う機会の多い欧州で発達しました。これは東ヨーロッパや北アフリカの安価な労働力を活用し、パリやローマなどの高級服消費地に、十分な商品管理のもとに輸送を行うヨーロッパの物流特性の産物ともいえます。というのは米国の場合、長距離をトレーラーなどで大量輸送するため、どうしても積載効率が重視されることになり、ハンガー輸送が行われなくなったからです。

日本の場合、国土が狭く大量輸送が比較的必要とされず高級服が売れる土壌があることなどのためから欧州と同様にハンガー物流が発達し、アパレル物流構築の重要な要素となっています。したがって、物流センターもハンガー物流対応となっているものが少なくありません。

また、アパレルの物流は取り扱う商品の種類と数がとてつもなく多く、季節波動が大きいということがあげられます。流行の影響もきわめて強く受けやすいといえます。したがって、単品管理を推進し、定番系商品と流行系商品のそれぞれの物流を体系的に構築する必要があります。また商品にトレンド性が高く天候にも左右されやすいことを考慮すると、消費者の嗜好で多品種・少量・短サイクルの生産と供給も不可欠です。

ちなみに、アパレル特有の庫内作業にはインボイス検品、外観検品、検針などがあります。

- 季節変動の変化に対応
- 段ボール物流からハンガー物流へ

アパレルの物流センターの業務の流れ

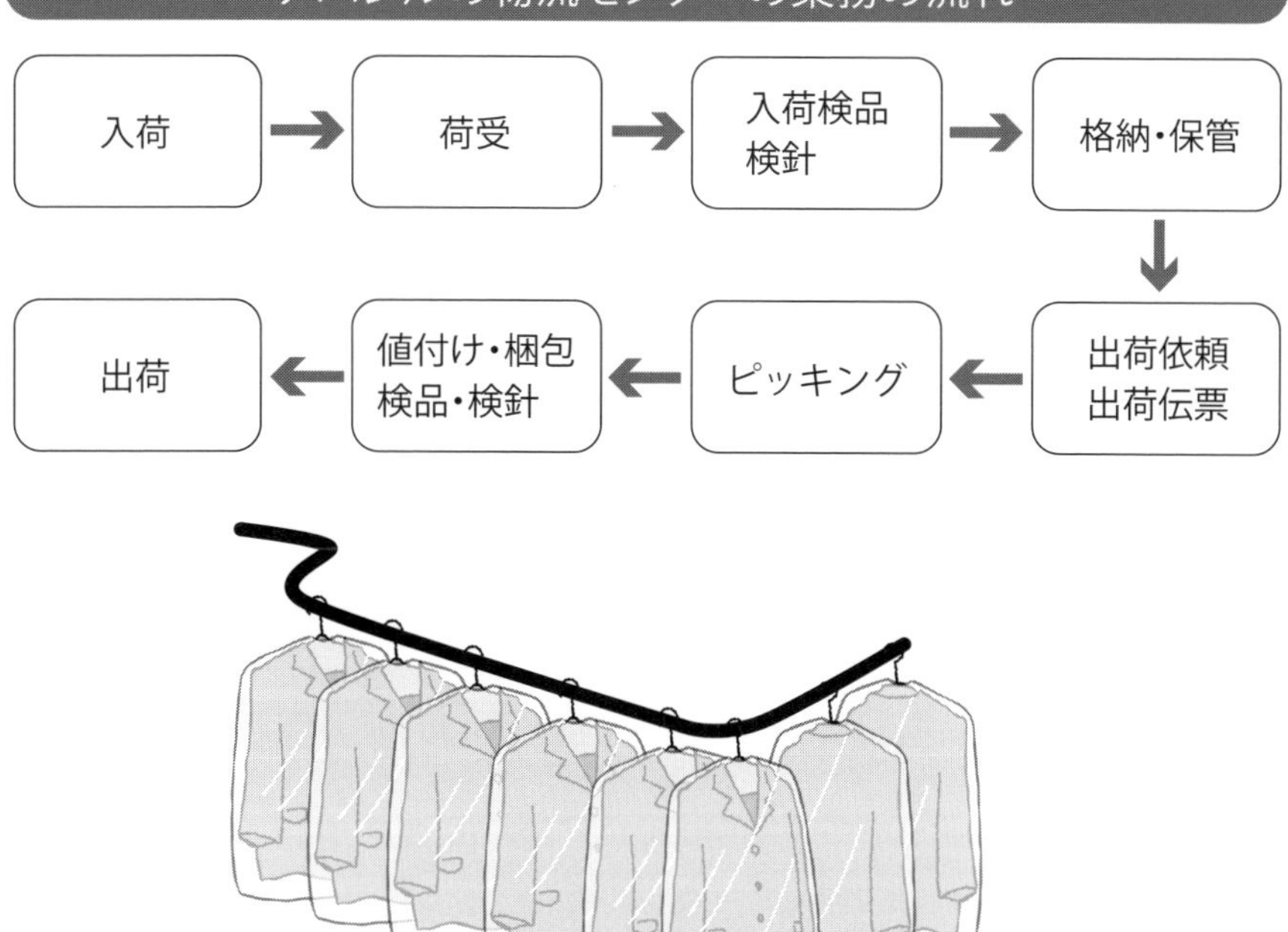

アパレルの物流センターの特徴的な検品・検針作業

インボイス検品	海外からのインボイスとパッキングリストをもとに、員数（商品数）確認を行う
外観検品	キズ・汚れ・縫製不良などの不良品がないかをチェックする検品作業。デザインペーパーと照合して注文商品のデザインと一致しているかを確認することもある
検針	工場で縫製時に使用された針がアパレル製品に残っているかどうかを検査する。目視では困難なので専用の検針機を用いて行われる。一般的に検針機に複数回かけられ、チェックされることになる

63 欠品の許されない医薬品の物流センター

品質の劣化に十分な注意を払う

LEVEL ☆☆

医薬品の物流センター運営は、ＳＣＭの原則である「必要なときに必要なものを必要な量だけ供給する」という考え方が必ずしも当てはまりません。

というのは、人の命を預かることになる医薬品の場合、欠品が決して許されないからです。「売切れ御免」というわけにはいかないのです。

そこで在庫は、ある程度余裕を持って保有するということになるので比較的、多めになります。とはいっても在庫精度、在庫数量に狂いが生じることは絶対に避けなければなりません。そのために循環棚卸をしっかり行う必要があります。棚卸データはバーコードをハンディターミナルで読み取り、集計されます。実地棚卸と並行して、帳簿による棚卸（帳簿棚卸）も行います。品質についても劣化などが起こっていてはたいへんな問題となることもあるため、十分な注意が必要になります。

加えて、リードタイムも可能な限り短くする必要があり、緊急出荷にも対応しなければなりません。基本的に多頻度小口の輸配送システムとリンクさせた物流センター運営が必要になります。

また、ワクチンなどについては温度管理、湿度管理も必要になります。なお、通常、ワクチンの場合は2～8℃で管理されます。ちなみに輸送中などにワクチンなどの温度が変化して変質してしまわないように、要求される温度域を保っていたかを判断する温度感知シールなどの貼付も求められます。

さらにいえば、日付管理についてもしっかり行う必要があります。ちなみに停電などに備えて、非常用発電システムを有している医薬品専用センターも少なくありません。

誤出荷についても、救命・医療活動の成否を左右することをふまえ十分に注意する必要があります。

- 温度管理、日付管理を徹底
- 温度域をチェックする温度感知シールを貼付

医薬品の物流センターの注意点

医薬品の物流センター

- 品質管理の徹底
- 温度管理（ワクチンは2℃～8℃）
- 綿密な在庫管理（欠品が発生しないように対応）
- 誤出荷を起こなさいための入念な検品体制
- 多頻度小口配送に対応した出荷体制
- 迅速かつタイムリーな出荷体制

欠品しないように、在庫数をわかりやすく

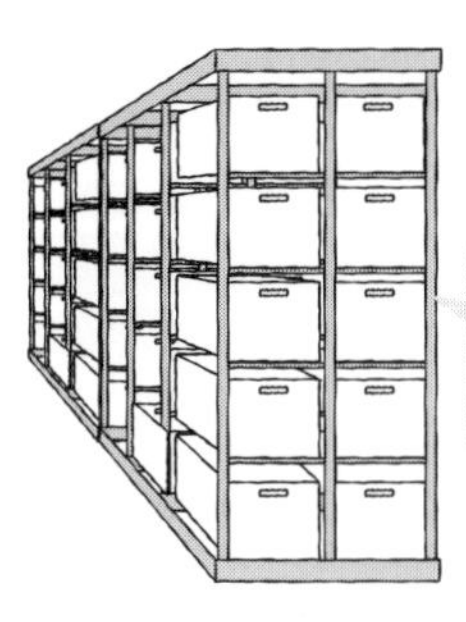

温度管理、湿度管理にも十分配慮する

医薬品物流の特殊性

在庫管理	欠品を避けるため、余裕を持った在庫管理とする
出荷	緊急出荷に迅速に対応でき、誤出荷を招かない体制作り
温度管理	定温管理の徹底。ワクチンなどについては温度管理に加えて、湿度管理も必要で、２～８℃で管理される
賞味期限管理・日付け管理	厳密に行う必要がある
棚卸	欠品を防ぎ、在庫量を確認するために実地棚卸、帳簿棚卸の双方を徹底する

64 ネット通販の物流センターのしくみと特徴

迅速な出荷処理で対応！

LEVEL ☆☆☆

ネット通販の物流システムは商物分離のもとに展開されます。つまり、ネットを介しての決済で商品の所有権は消費者に移り、実際の商品は物流センターから直接、消費者宅などに届けられることになるのです。

消費者が商品の購入手続きを終えると、物流センターでは出荷依頼により、消費者宅への配送の準備を始めます。

すなわち、ネット通販用の物流センターの在庫はフリーロケーションで管理されていることが多くなります。これは種類の異なる小口の物品が高頻度で入荷・入庫、出庫・出荷を繰り返すために物品のロケーションを固定することが難しいためです。

出荷依頼に従って、作業者はピッキングリストを見ながら、該当する物品をカートに取り出し、方面別などに仕分けします。

ネット通販向けの物流センターの大きな特徴としては、独自の流通加工業務があることです。たとえば必要に応じてプレゼント用のラッピングやチラシ・カタログ・サンプルなどの同梱などの作業も行います。家電製品などの場合には延長保証などの手続きを行えるようにすることもありますし、修理依頼などの代行サービス提供もあります。

また、ネット通販市場の拡大を受けて、商品撮影のスタジオ設備を整えている物流センターもあります。ネット通販で販売される商品は、その画像や動画をあわせてサイトアップする必要があります。しかし、物品の入荷後に検品などをすませてから外部のスタジオに撮影に出していては手間もかかるうえ、物品が破損、汚損するリスクもあります。そこで、物流センター内に商品撮影のためのスタジオを設けて、入荷の都度に撮影を行うのです。

●カタログ・サンプルなどを同梱
●サイトアップする商品を撮影

ネット通販物流の概要

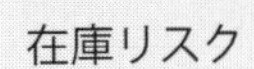
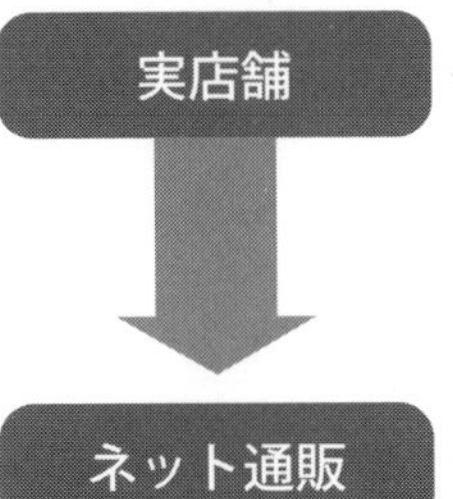
在庫リスク
実店舗
賃料、人件費などの
出店コストが大きい。
商圏が限定的
ネット上で豊富な商
品のラインナップを
消費者に見せること
が可能
ネット通販
商圏が広い。
24時間販売が可能

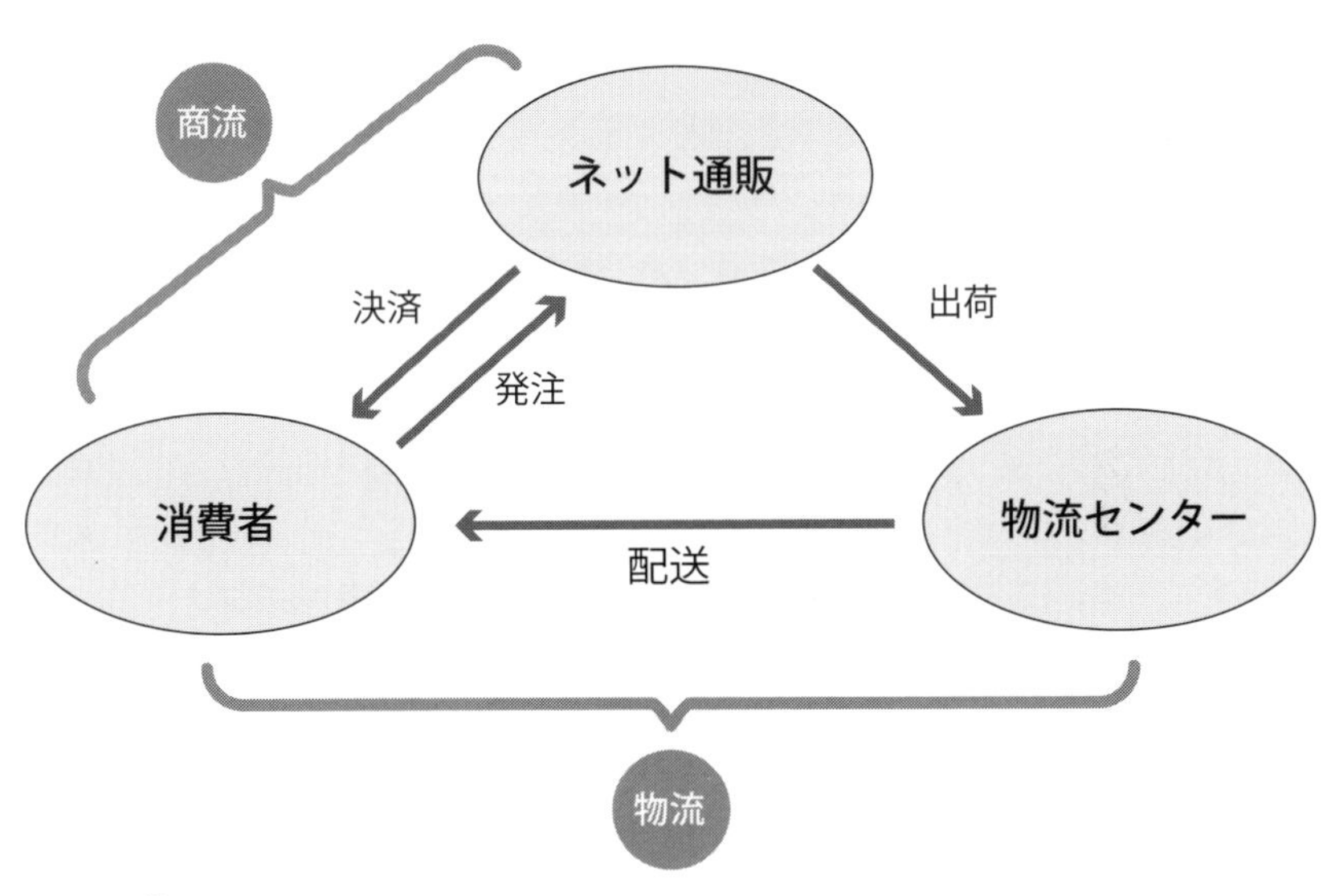
商流
ネット通販
決済
発注
出荷
消費者
配送
物流センター
物流

商流と物流が切り離された「商物分離」型のシステムが
構築されている

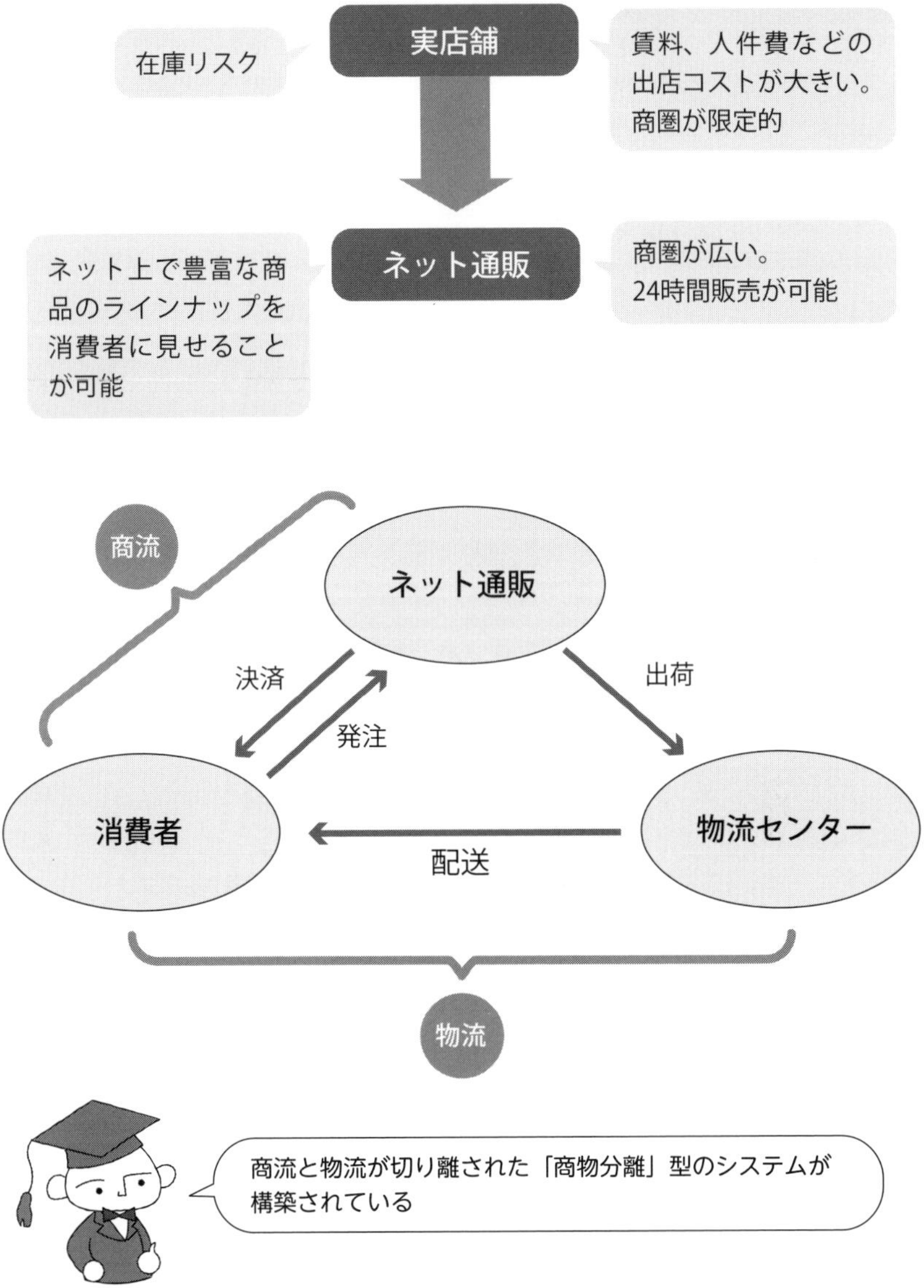

COLUMN

積卸し作業の際の注意

トラックなどの貨物自動車への荷（100kg以上）の積卸し作業を行うときは、積卸し作業指揮者を選任しなければなりません。

作業指揮者は作業計画に基づき作業の指揮を行います（労働安全衛生規則第151条の70など）。

積卸し作業を安全に行うために各県のトラック協会陸上貨物運送事業労働災害防止協会の支部などで行われる積み卸し作業指揮者講習を受けます。

講習では、積卸し作業に関する基本的な知識、災害の発生のしくみや状況、作業指揮者としての心構えなどを学びます。

またトラック、フォークリフトなどの貨物自動車、坑内運搬車、さらには使用器具、工具、ロープ、作業服、防護服などの使い方と、それをふまえたうえでの異常時に対する対応についても解説を聞きます。

たとえばトラックドライバーが荷台に乗って積卸し作業をする場合、次のことがきちんと行われているかチェックするようにします。

①不安定な荷台には乗らず、できるだけ地上での作業をする
②荷台の上で作業する場合、できるだけ安全帯を取りつける
③フォークリフトから見える立ち位置で行う
④背を荷台の外側に向けないようにする
⑤雨天時には荷台などでの作業では耐滑性のある安全靴を着用する
⑥トラックの逸走防止に輪止めを用意する
⑦保護帽を着用する
⑧作業手順書を作成する

積卸し作業の手順書は作業の手順、作業のポイント、安全・品質上のポイントの3項目に分けて基本事項がチェックできる形式にまとめてあるとよいでしょう。

第8章

物流センターの〝ここを改善！〟

65 「7ない」の概念で物流センター業務を改善

作業者の負担を最大限に低減！

LEVEL ☆☆

物流センターにおける現場改善を実践するうえで「理想的な物流センターとはどのような物流センターなのか」を明確にする必要があります。そこで1つの目安となるものに「7ない」があります。物流センターの作業者が「そういうことはしなくても大丈夫」ということをまとめた表現です。

「7ない」とは、「待たせない、歩かせない、持たせない、考えさせない、探させない、聞かせない、書かせない」（順不同）の7つの「ない」です。「7ない」を念頭に物流センターの作業効率をチェックしてみるのです。

まず、動線をスリムに効率的にすることから作業者が待機することがありません。加えていえば、必要以上に歩きません。また必要以上に物品や工具、マテハン機器を持っていることもありません。「次にどんな作業をすればいいんだろう」と作業者が考え込むこともありませんし、「どこに何があるのだろうか」と探しまわったりすることも、どこに何があるのかをほかの作業者に聞かなければわからないといったこともありません。作業手順などをメモ書きして覚えたり、必要事項を書き込んだりといった手間が作業中に発生することもあってはならないのです。

すなわち、庫内は見える化された環境で、作業者は最短の動線と効率的なレイアウトのもとで、「次にはこうするんだな」という手順が庫内の適所に示されているというのが理想の物流センターには必要となるのです。

物流センターの設計や評価においては、「この作業工程では、7ないという基準がすべてクリアされているだろうか」を考えてみることで、現場改善の余地の有無がわかることにもなるわけです。

- 「歩かない」「探さない」物流センターの実現
- 「次の作業は何か」と考え込まさない工夫

良い物流センター、悪い物流センター

良い物流センター

「7 ない」

「待たせない、歩かせない、持たせない、考えさせない、探させない、聞かせない、書かせない」（順不同）の7つの「ない」

物流センターの作業効率をチェック

悪い物流センター

作業待ちが多い

作業待ちが多くて、効率的なタイムスケジュールが組めないなぁ

動線が長く、歩行距離、移動距離が長い

手荷役が多く荷物をよく運ぶ

歩行距離が長いし、とにかくよく運ぶし、庫内をたくさん歩くなぁ

探してばかり

どこに何があるのかわからないなぁ

メモをしょっちゅうとる

なんかしょっちゅうメモしているなぁ

66 「どこに何があるか」がわかる物流センター

3定の徹底を実践！

LEVEL ☆☆

物流センターにおける現場改善では「3定」（定位・定品・定量）の実践も大切です。

3定を行うのはまず、どこに何をいくつ置くかということをしっかりと決めます。そのうえでラックを活用したり、白線を引いたり、ファイリングを行ったりといった置き場所の整理を行います。ラックなどについては所番地を決め、ロケーション管理に組み込むことも一法です。

またラックには品目表示を行い、置かれている物品の棚板には品目表示をするように、あわせて最大量と最小量、最適量などを明示するようにすると見た目ですぐに作業者が判断できます。「すぐ見てわかる状態でどの作業者でもすぐにわかり、またもとに戻す必要があるならばすぐにもとに戻せる」ということが重要になってくるわけです。

3定を意識し、実践することで荷繰りや荷探しが減少します。たとえば段ボールで保管物を段積みしておくと最初に定めた保管場所以外の通路などに一時的に別の保管物を置かなければならなくなります。そうなれば通常の保管品を取り出す場合には手前の通路の物品を一度、移動させる必要が出てきます。

しかしこれでは通路の物品にかかる移動時間が相当なものになってしまいます。また、通路が死角になって「保管物がきちんとそこにあるか」ということがわからなくなることもあるでしょう。フォークリフトが通路に入ることができなくなりますから手荷役を余儀なくされ、作業効率も悪くなります。

こうした保管の非効率性を改善する対応策として固定ラックの導入があげられます。固定ラックを導入することによって、作業時間も大幅に削減されることにもなるのです。

●固定ラックの導入で荷繰りを減らす
●通路での高積みを回避

「3定」の原則

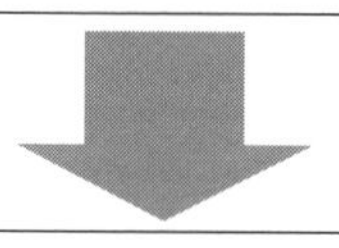

定位・定品・定量

どこに何をいくつ置くかということをしっかりと決める

定位置管理

「どこに」「なにを」「いくつ」がだれが見てもはっきりわかるように配置

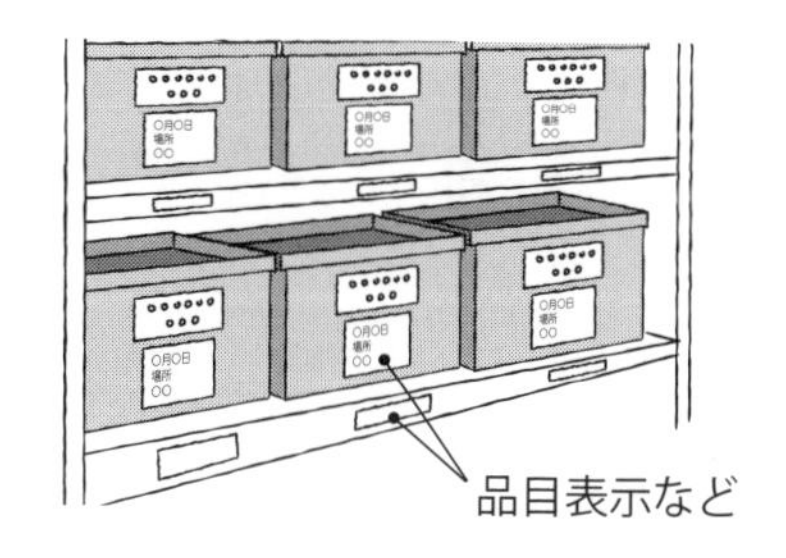

定量管理

必要な最小量がわかるように表示

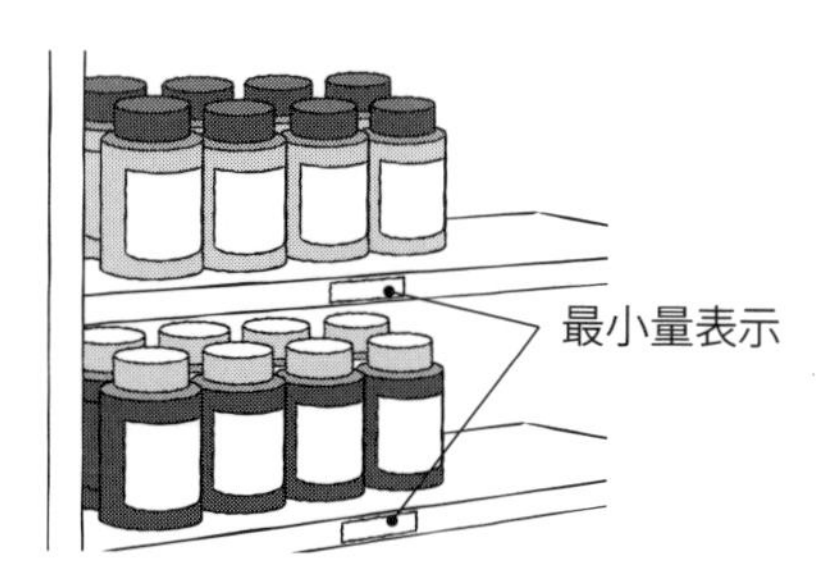

姿置きの実践

姿置きを活用して、必要な工具などは使った後に戻しやすくする

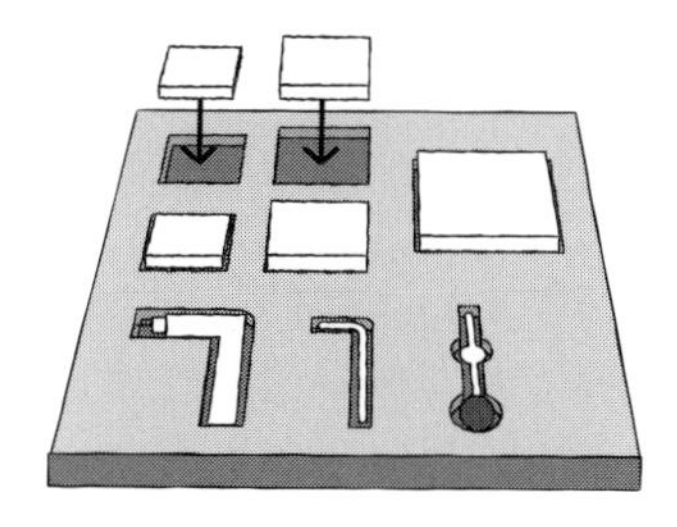

67 物流センターの庫内動線の最適化

ピッキングエリアのレイアウトを改善！

LEVEL ☆

「歩かない物流センター」を実現するためには庫内動線の効率化が不可欠です。そのためには作業エリアごとにレイアウトを見直してみる必要があります。

たとえば、小口のピッキングを行う際、「動線が長く、カートあるいは台車での移動に時間がかかる」という課題に直面することがあります。あるいは「作業者のピッキングの作業時間のばらつきが大きいために通路で渋滞してしまう」「同一の物品を大量にピッキングする際に作業者の流れやカート、台車の動きがしばしば止まる」「物品ごとに作業エリアをまたぐ移動も多い」といった場合、ピッキングエリアのレイアウトに問題があるケースが少なくありません。

レイアウトを改善することで作業効率を改善できます。入出荷頻度を考慮し、ピッキング通路の出入口のレイアウトやロケーションを見直します。作業効率やリザーブ在庫エリア、入出荷エリアとの位置関係なども考慮してピッキングエリアの移動距離を大幅に短縮します。平均移動距離、総移動距離を短縮を短縮することで。通路内の渋滞が改善され、作業平均時間、作業総時間を短くできます。

さらに、通路の片側の棚からピッキングをするスタンダードな方法（U字歩行ピッキング）を採用するよりも、作業者に熟練者が多い場合、左右の棚からジグザグにピッキングをするいわゆるZ字ピッキングを導入することでより効果が上がることがあります。一般にZ字歩行ピッキングはU字歩行ピッキングよりも作業難易度が高いといわれていますが、後続者が先方の作業者を追い越して作業することが可能となるのです。熟練作業者が多い物流センターでは導入が有効です。

- 入出荷頻度を考慮した配置で通路渋滞
- U字歩行からZ字歩行への進化

ピッキング歩行の種類

I字歩行

基本型

一筆書き状の通路を直線的に歩行するもっとも基本的な歩行

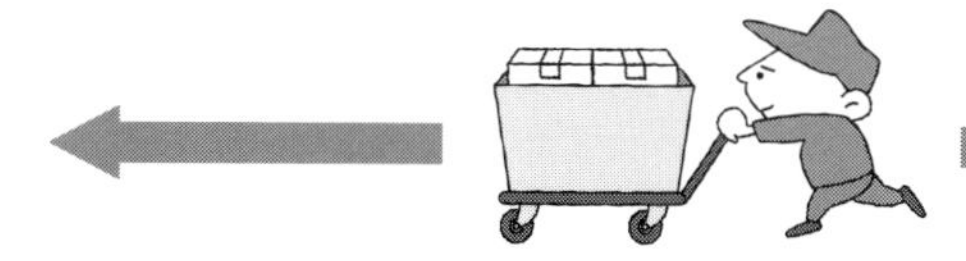

U字歩行

ピッキング通路の両脇の棚について、片方向ずつ、ピッキングしながら順番にU字型に進む

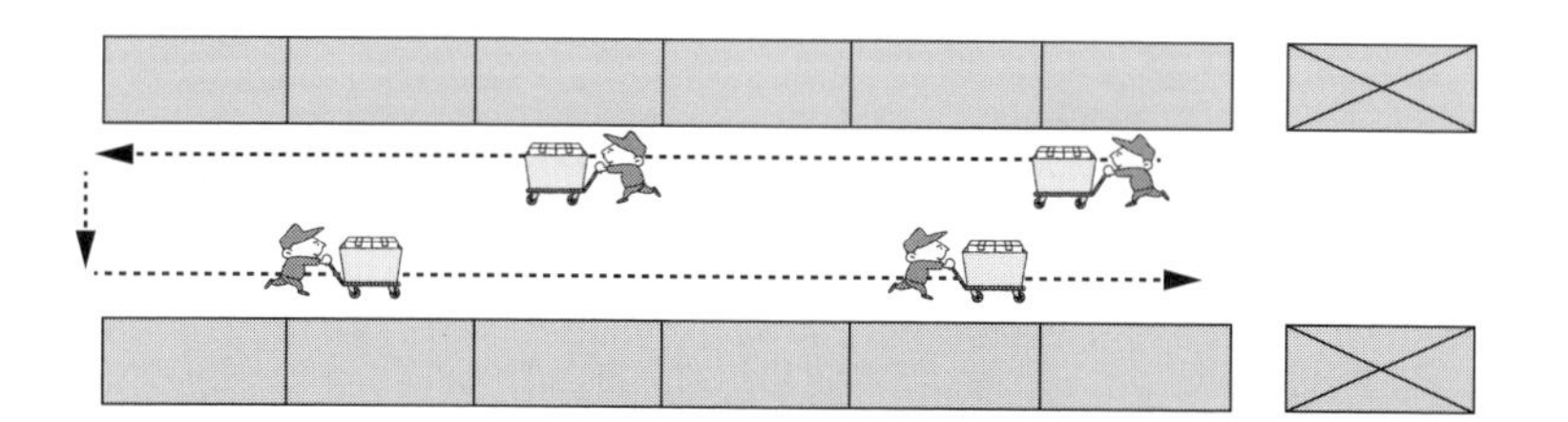

Z字歩行

ピッキング通路をＺ 字状に歩行することで、通路の両側の棚から効率的に物品を取り出していく。熟練作業者が行うことで効果が向上する

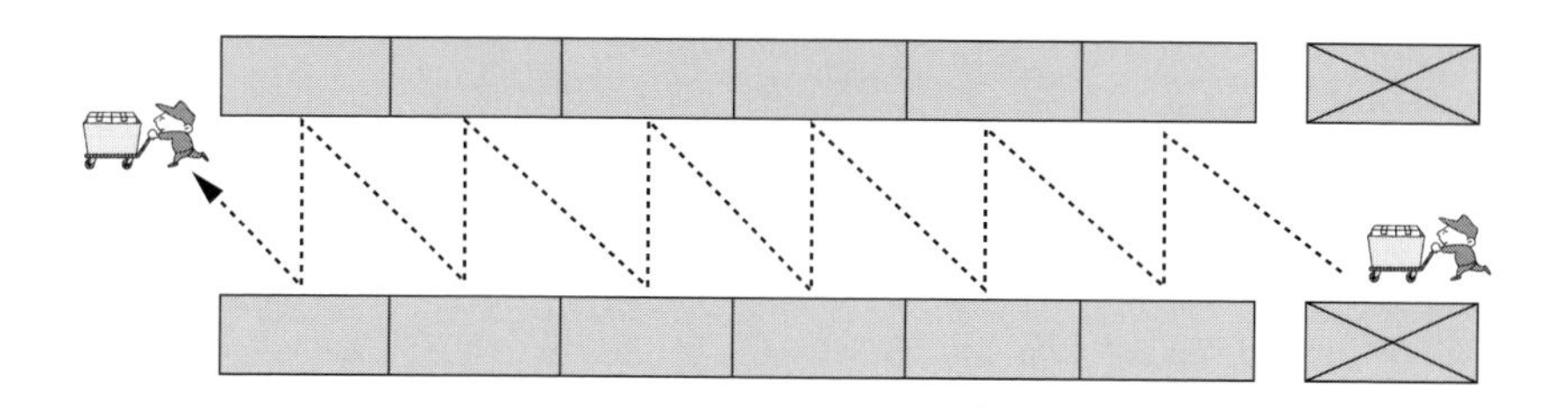

68 「5なぜ」の活用で物流センター業務を改善！

作業効率を常に考える姿勢を重視！

LEVEL ☆☆

一言で物流センターといってもさまざまなタイプがあります。センターの立地、面積、構造、取扱い貨物の種類、さらには管理者や作業者の状況などによりその特性は大きく変わります。

それゆえ多様多彩な物流センターで作業者自身が自律的に改善策を見つけていく努力や工夫も必要になります。

その際に重要になってくるのは庫内作業にあたる各自が「作業効率が悪いのはこうなっているからではないか」「こうすれば作業効率が向上するのではないか」といった疑問や仮説を持つことです。

そしてその手助けとして「5なぜ」という方法が用いられています。「5なぜ」では「なぜこの物品はここにあるのか」など、現場改善での疑問を「なぜなのか」と徹底的に問い詰めていきます。「なぜそうなのか」という疑問を繰り返していくことで解決策や問題の根源が見えてくるとされています。物流改善にあたって、ムダが存在する理由やコスト削減できない理由を問い詰めていくことで対策が発見できるというわけです。少しでも不自然な点や疑問があればそれを徹底的に検証して解決していくことが現場改善で大きな成果を出すためには必要となってくるのです。

「定点観測」をしっかり行うことも大切です。「はたして改善がきちんと行われているかどうか」を定期的にデジタルカメラなどで撮影し、チェックするのです。庫内レイアウトなどの「改善前」と「改善後」を写真に取り、比較することで改善の効果を視覚的に検証するのです。改善前と改善後がどのように異なり、改善後にはどのような効果が確認できたかということを瞬時に理解するために定期的なチェックを行うのです。

- コスト削減できない理由を追求
- 定点観測で改善効果を可視化

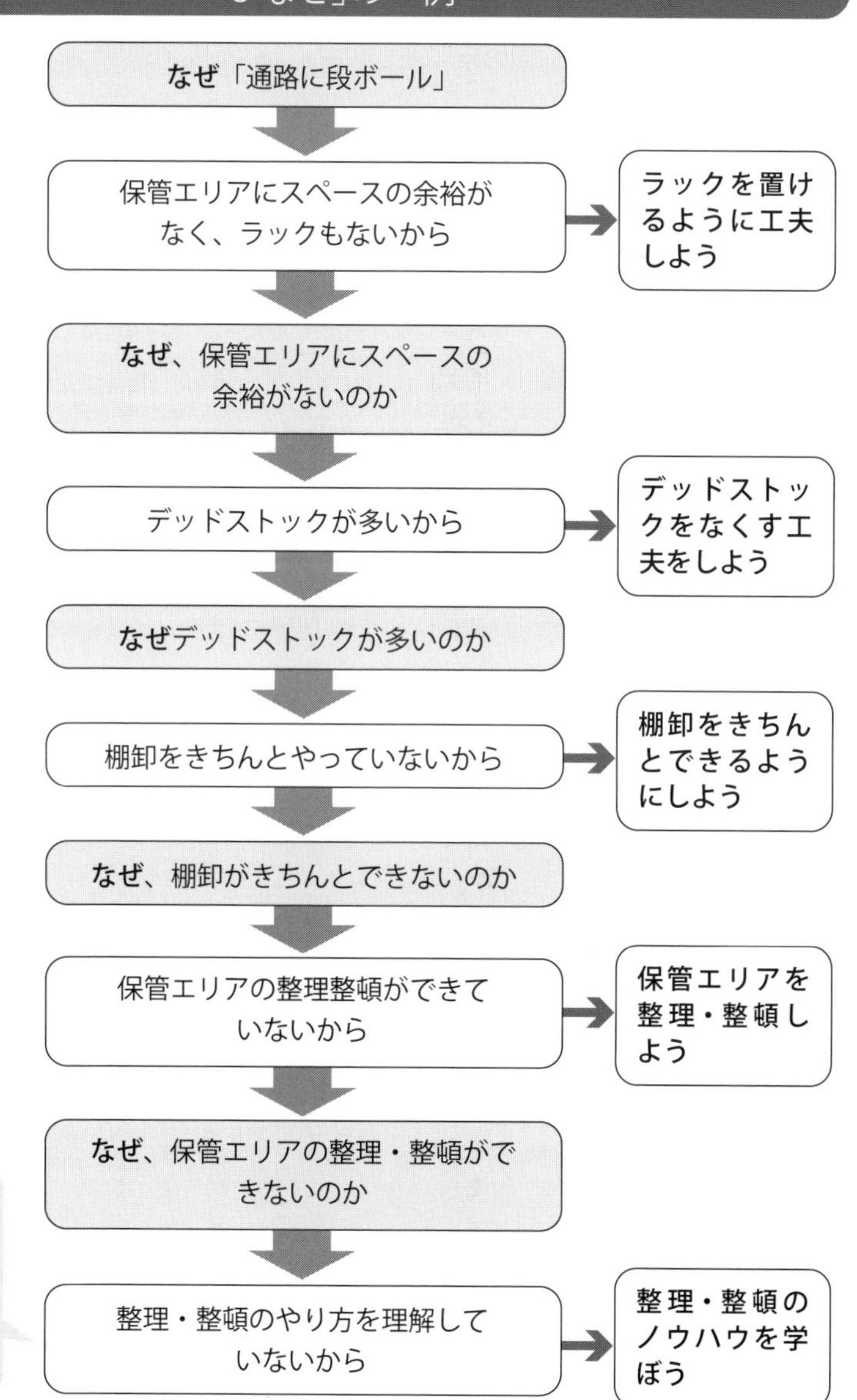
「5なぜ」の一例
なぜ「通路に段ボール」
保管エリアにスペースの余裕がなく、ラックもないから
ラックを置けるように工夫しよう
なぜ、保管エリアにスペースの余裕がないのか
デッドストックが多いから
デッドストックをなくす工夫をしよう
なぜデッドストックが多いのか
棚卸をきちんとやっていないから
棚卸をきちんとできるようにしよう
なぜ、棚卸がきちんとできないのか
保管エリアの整理整頓ができていないから
保管エリアを整理・整頓しよう
なぜ、保管エリアの整理・整頓ができないのか
「なぜ」を繰り返していく。疑問が続く限り「なぜ」を続ける
整理・整頓のやり方を理解していないから
整理・整頓のノウハウを学ぼう

69 ABC分析の導入で庫内環境を整備

高頻度品は出荷口付近に配置！

LEVEL ☆☆

物流センターにおいて物品を戦略的に管理するうえで「ＡＢＣ分析」の理解と導入も欠かせません。物品ごとに売上高・出荷量などを把握し、全体に占める各商品の売上高・出荷量などの割合を出す分析方法のことを「ＡＢＣ分析」といいます。

ＡＢＣ分析とは「売上の80％は、よく売れる20％の商品群が占める」という経験値から導き出された分析方法です。売上の80％を占めるよく売れる商品群をＡ品目、それに続く売上で、全体の90％までの売上を占めるアイテム比10％程度の商品群をＢ品目、その他をＣ品目とします。高頻度出荷品を中心に管理するといった方法がとられます。

物品のライフサイクルも見極める必要があります。出荷量が落ちてきている物品については注意が必要です。あっという間に不動在庫になる恐れもあります。

さらにいえば出荷量、売上高などを部分的に見るだけでは不十分です。「新商品なのか」「売行きが伸び続けているのか」で在庫管理も発注方法もまったく異なります。「安定して売れているのか」「売行きが落ち込んできたのか」といったことを把握することで適切な在庫管理ができるようになります。物品が導入期、成長期、成熟期、衰退期のいずれかにあるかで保管レイアウトや動線の作り方も大きく変わってくるのです。

たとえば、出荷口の近くに高頻度出荷品を集中させ、出荷口から離れたロケーションには低頻度品を集めると作業効率が上がります。

また保管エリアが1階と2階にある場合、1階に出荷量が多い物品を配置し、2階には極力、多品種少量で出荷される物品を保管するようにすることもよく見られます。

- 全体に占める各商品の出荷量などの割合を算出
- 物品のライフサイクルも見極める

ABC分析とは

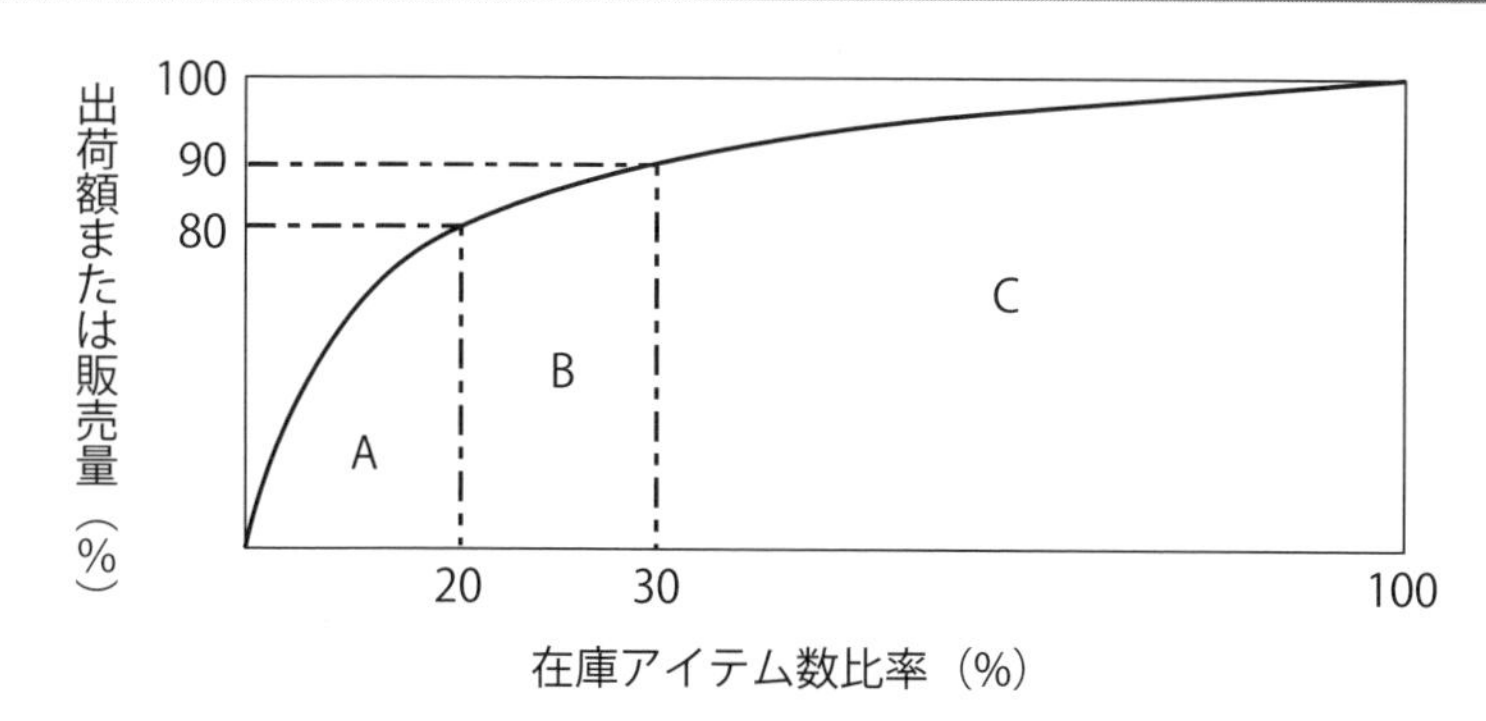

「2・8の原理」（商品数20%が売上の80%を占める）を占める。売上高・出荷量などの80%を占める商品がA分類商品（高頻度品）、売上高総額の90%に達する品目がB分類商品（中頻度品）、残りの商品がC分類商品（低頻度品）。なお、このほかのまったく動きのない死に筋商品をD分類商品ということもある

※ABC品目の構成比、アイテム比は、取扱品目や物量、出荷・販売環境などにより変化します。

分類	在庫管理の方針	物流センターなどにおける在庫管理、保管方法、発注法
A	常に在庫状況をチェック	日々の出荷のバラツキ、リードタイムなどを考慮し、個々の商品を注視。パレットで平置きし、フォークリフトで荷役作業を行うのが効果的
B	入念に在庫状況をチェック	出荷高量の変化を常に注意。流動ラックを活用
C	常備品として欠品の生じない適切な在庫量を保持	やや大まかな在庫管理。保管効率が高い回転式ラックなどを活用
D	すみやかに在庫を処分、廃棄・廃番にする	死に筋商品、陳腐化商品についてはどのような状況になったら廃棄するのかというルールを決めておく

70 物流センターの「見える化」を推進！

見える化で作業効率を大きく向上

LEVEL ☆☆

物流現場の「見える化」を図ることで作業効率が大きく向上することも少なくありません。

なかでも物流センター内の見える化においてロケーション管理をしっかり行うことはきわめて重要です。

たとえば、入庫、棚入れ作業において工場、部品センター、物流センターなどでは、材料・資材、部品などが入荷されると、その都度、保管スペースを定められることがあります。しかしこれでは「どこにどの物品があるのか」ということがわからなくなる危険があります。また入庫、棚入れについても時間がかかってしまうかもしれません。

こうした問題を解消し、入庫・棚入れを効率的に行うにはロケーション管理の導入が不可欠です。固定ロケーションやフリーロケーションを導入し、しっかりとロケーション管理を行う必要があります。

固定ロケーションでは商品別に格納エリア、保管エリアに所番地をきちんと設けて、しっかり管理します。これに対してフリーロケーションは空所となっている任意の所番地に商品を順次格納していく方式です。

固定ロケーションかフリーロケーションか、どちらを用いるかは取扱品目や入出荷量、在庫量、物流システムの特徴などを総合的に考慮して決定しますが、重要なことはどの物品がどこに格納・保管されているのかをしっかりと把握し、それを作業者に対して、見える化をしておくということです。

ロケーション管理に限らず、庫内のさまざまな物品の収納・保管に際して、のれん表示を採用したり、色別管理を行ったりすることで、すぐ見てわかるような作業環境を提供することで効率化を図るのです。

POINT
- ロケーション管理に工夫を凝らして活用
- どこに何があるかを作業者に確実に伝える

ロケーション管理の種類

固定ロケーション

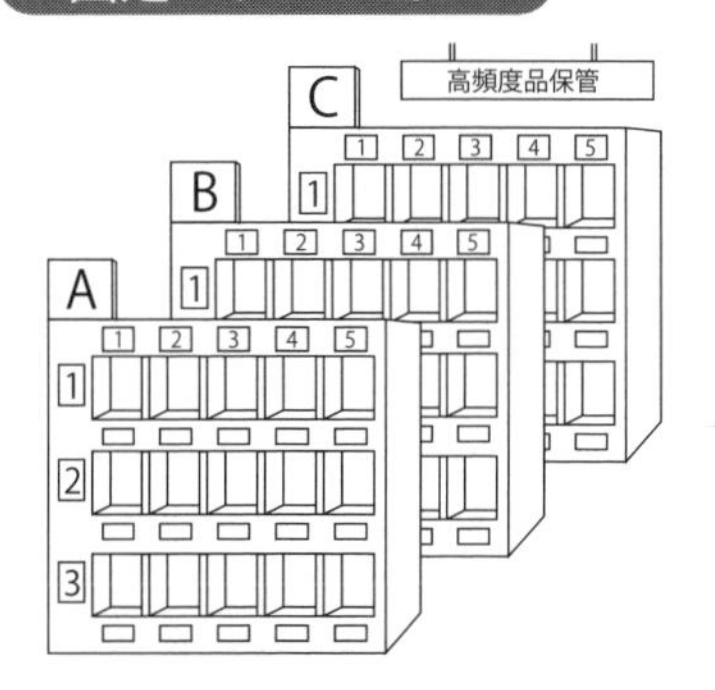

あらかじめ定められたロケーションに物品を格納する。ロケーション番号を棚間口ごとに設定して、ゾーン、棚番号、通路番号などをアルファベットと数字を用いて指定して、物品の所在を明らかにする

フリーロケーション

空いてる棚に格納しよう

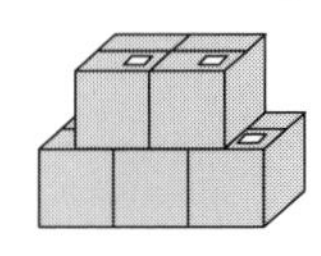

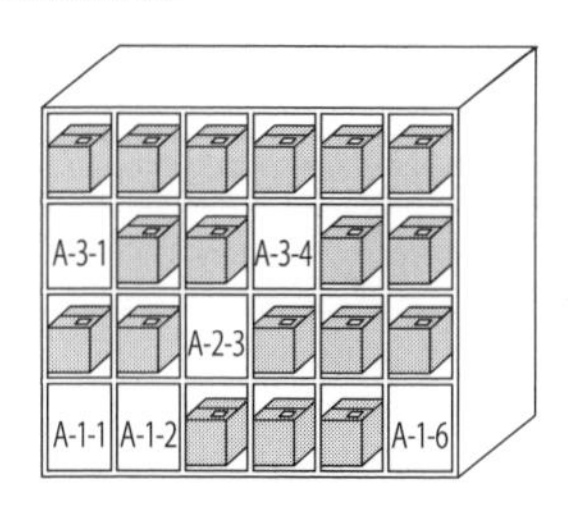

任意のスペースに商品を順次格納していく。入庫・格納の早い順番に出荷することが容易で先入れ先出しを効率的に行うことが可能になる

ゾーンロケーション

ゾーン内はフリーロケーション

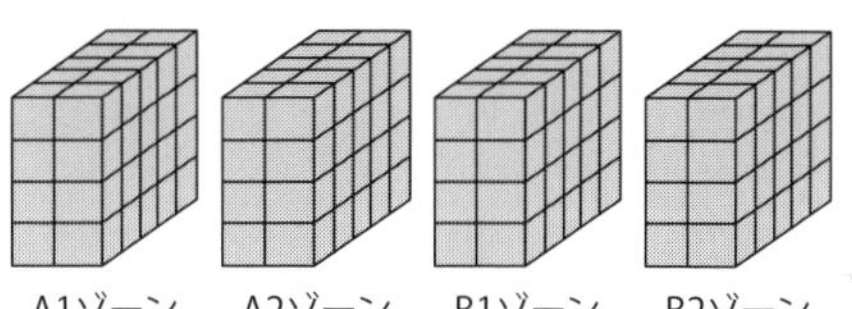

あるエリアに関連品目群を固定的に集約し、そのエリア内ではフリーロケーションを採用するという管理方法。自動倉庫などとの組み合わせで採用されるケースが多い

71 物流センターにおける人材管理

優秀な作業者の確保の重要性！

LEVEL ☆☆☆

物流センターの人員コントロールを効率的に行うことでアルバイト、パート作業員などの人件費を最適化することができます。物流センターの円滑な運営において優秀な人材、経験豊富な人材は宝といっても過言ではないでしょう。

同時に「いくら作業を標準化すれば今日から働き始めた人でも問題なく作業ができる」とはいえ、優秀で経験豊富な人材をきちんと確保することがセンター運営における改善の鍵を握っていることは否定できません。

パートやアルバイトを効率的に配置するためには、各作業者の働きやすい時間帯などを面接の際などに十分聞き出しておく必要があります。パート、アルバイトの作業者が気持ち良く効率的に働いてくれればセンター運営もうまくいく可能性が高まります。一般に庫内作業の八割くらいはパート作業者ということになるからです。各作業者の事情を熟知したうえで、標準作業時間や勤務ローテーションなどを設定します。

また、「受注処理しかできない」「ピッキングしかできない」といったように作業者の役割を固定するのではなく、できれば複数の作業をこなせるようにしておくのがよいでしょう。そうすることで繁忙期などの波動にも対応できるようになるわけです。

「どのエリアにどれくらいの人員が必要であるかを把握しれを理想通り配置する」ということができればそれが物流センター業務の改善にもつながるというわけです。

さらにいえば優秀な人材確保のために駅から物流センターまでシャトルバスを出したり、女性作業員の利便性を図るために保育施設を併設するなどの工夫も大切です。

●シャトルバスの運行で通勤しやすい職場に
●望まれる女性作業者のための保育施設の充実

シャトルバスの活用

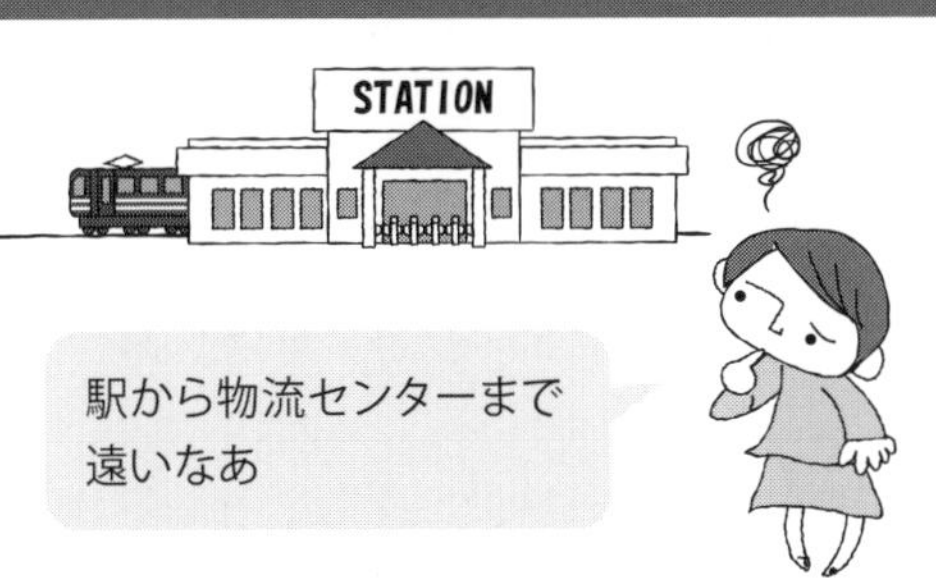

駅から物流センターまで
遠いなあ

シャトルバスが駅から物流センターまで運行しているから、心配できずに通勤できる

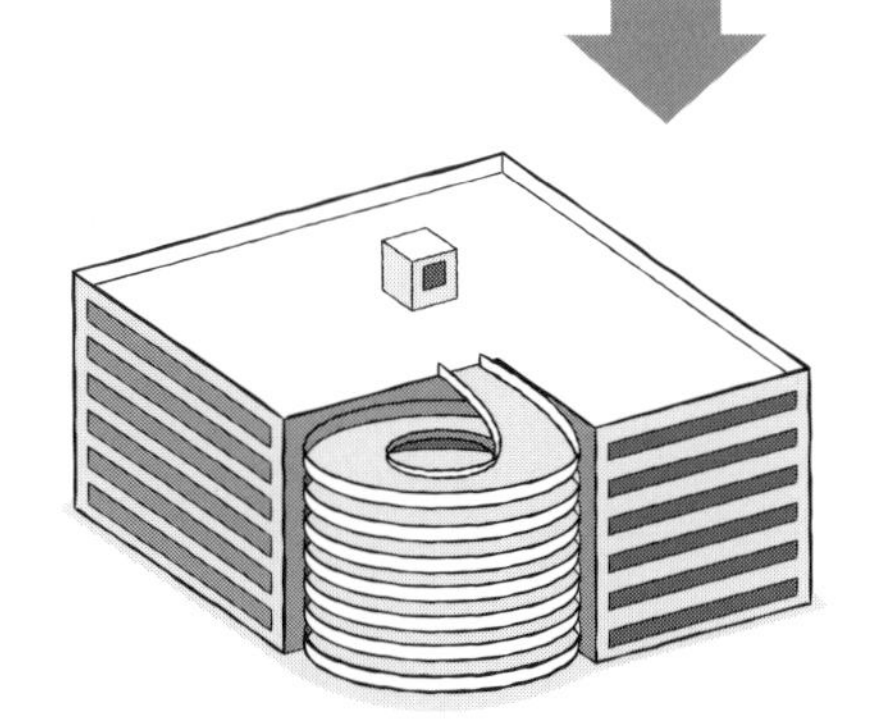

通勤が便利で
働きやすい環境だね

マイカー通勤可能

郊外などにあるため通勤に不便な物流センターの人材確保には、駅からの専用シャトルバスなどの運用がきわめて重要になる

72 直送方式の導入による効率化

物流センターの運営コストを削減！

物流センター運営には多大なコストと手間がかかります。そこで「物流センターなき物流システムの構築」を考える企業もあります。

一般的に工場で生産された製品は物流センターで管理され、注文に応じて卸売業、小売業、最終消費者などに配送されます。

しかしこれではメーカーが、相当量の製品在庫を物流センターに抱えることになります。さらにいえば複数の物流センターを経由する場合は、物流プロセス全体のリードタイムもいっそう長くなります。

そこで物流効率化の視点から、工場などからエンドユーザーなどに直接配送するドロップシップ（直送）方式を導入することが考えられます。

ドロップシップシステムの導入でキャッシュフローの改善、在庫の大幅低減化、物流センターの運営コスト削減、物流拠点の簡素化、サプライチェーンにおけるさまざまな重複、あるいは物流システムの不透明性などが大幅に改善され、物流効率化を図ることが可能になります。

たとえば、アパレルメーカーが中国の縫製工場で生産する場合、縫製工場から中国国内の物流センター、あるいは検品センターを経て、日本国内の物流センターに商品が送られ、そこで一時保管されたのち、日本国内の店舗向けに出荷されるというスキームをとるのが一般的です。

しかし、日本国内の店舗数が少ない場合などでは、ドロップシップ（直送）方式が採用されることもあります。すなわち中国国内の縫製工場で検品、梱包を済ませ、段ボール箱に詰めたうえで以後はノー検品で船便で日本の港湾に荷揚げされます。日本の港湾からは物流センターなどを経ず、ダイレクトで店舗までトラック輸送してしまうのです。

- 工場から店舗への直送を実現
- サプライチェーンにおけるさまざまな重複を解消

ドロップシップ方式のしくみ

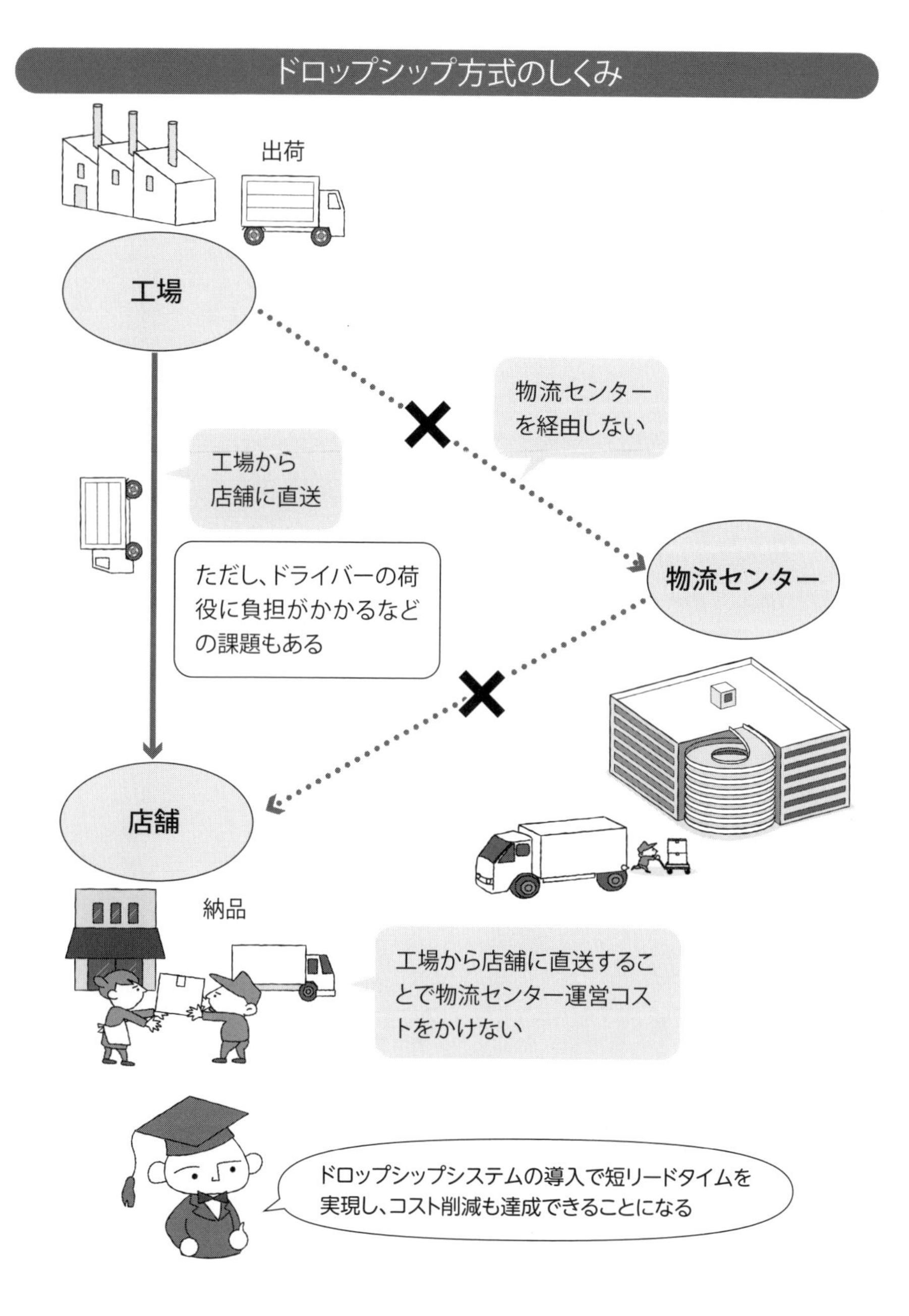

73 物流採算分析のモデル構築

改善前と改善後のコストを比較検討

LEVEL ☆

物流センターを運営する際、物流採算分析を行い、トータル物流コストの大枠を把握します。

物流採算分析とは「現状の物流効率をどのように改善することが採算面から有利であるか」という視点からの物流戦略上の意思決定手段です。

物流採算分析では、これから行われる特定の改善プロジェクトなどを対象にその採算についての分析が行われます。その計算手順は、まず現状の物流コストを掌握し、それに対して中長期的な改善案を作成します。そしてそのうえで改善案を遂行した場合の物流コストを計算します。複数の改善案を立て、比較したうえ最善の案を選択することもあります。

もちろん、改善前のコストから改善後のコストを引き、どれくらいの物流コスト削減効果があるのかを数字で可視化し、あわせて総合評価を行います。

たとえば、輸送費について自家輸送と営業輸送のどちらにメリットがあるかを分析することがあります。その場合、運賃・料金、賃金・手当、運行3費(トラック燃料費、車両修繕費、タイヤ・チューブ費の集計)などの直接的費用と、ドライバーの募集・訓練、福利厚生などの間接的費用を比較します。

保管費については、在庫拠点数(倉庫数)が少なければ輸送コストがかかります。

この点をふまえ最適拠点数を決定し、現状の拠点数が多すぎれば、どれくらいまで減少させればよいかを考えていきます。反対に拠点が少なく輸送コストがかかり過ぎるようならば拠点数を増やすことを検討します。同時に拠点について物件費(固定資産税、地代、家賃など)、人件費(賃金・給料・手当など)、運営費(光熱費、事務費、通信費など)の改善前と改善後について比較検討します。

- 物流コスト削減効果を検討
- 直接的費用と間接的費用を分析

物流採算分析とは

「現状の物流効率をどのように改善することが採算面から有利であるか」という視点からの物流戦略上の意思決定手段

物流採算分析

輸送部門について

航送費、運賃・料金、賃金・手当、運行3費（トラック燃料費、車両修繕費、タイヤ・チューブ費の集計）、原価償却費などの直接的費用と、ドライバーの募集・訓練・福利厚生、あるいは事故処理費の低減効果などの間接的費用を比較

保管・在庫拠点について

物件費（固定資産税、不動産取得税、地代・家賃など）、人件費（賃金・給料・手当・賞与、福利厚生費など）、運営費（光熱費、修繕費、在庫保険料、事務費、通信費など）の改善前と改善後について比較検討

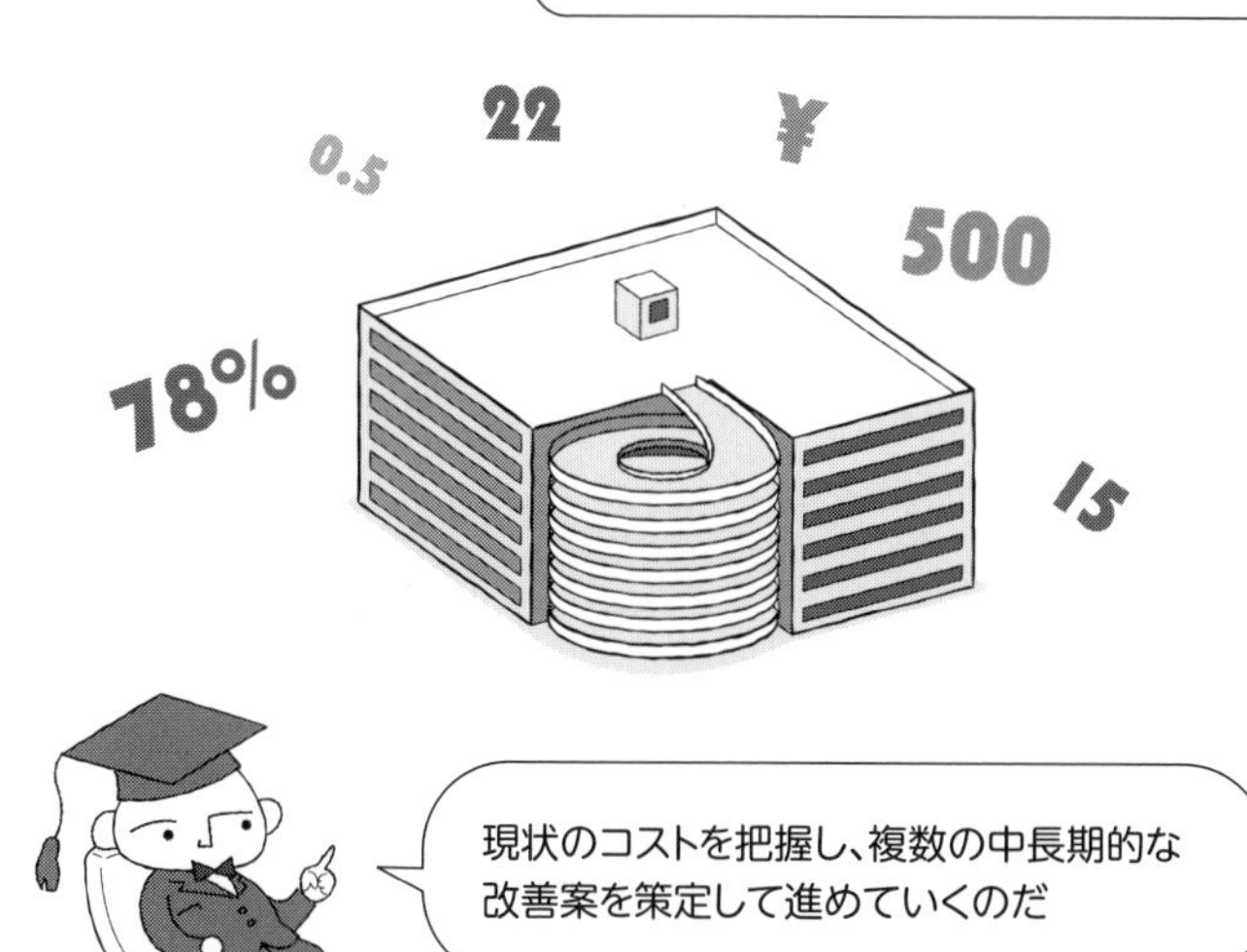

現状のコストを把握し、複数の中長期的な改善案を策定して進めていくのだ

74 庫内スペースの最適化を実現

仮置きのムダを徹底的に排除

LEVEL ☆☆

基本的に在庫というのは、とくに削減の努力をしなければ、自然に増えていきます。これは物流センターについても例外ではなく、在庫量について徹底的な管理を行わない限り、全体量は増加傾向を示します。物流センターの在庫が膨らんだ場合、付近に外部倉庫を賃貸するという緊急策をとることもあります。しかし、外部倉庫を借りるとなると、その賃料は相当の額に上ります。できれば現在の保管スペースの効率アップを図り、保管コストを抑えたいところでしょう。

庫内スペースは保管スペース、作業スペース、仮置きスペース、その他（通路など）に分けて考えられます。

保管効率を向上させるために、まず着目したいのは仮置き場です。仮置き場とは入出荷などの際、一時的に物品を置く場所のことです。

仮置き場は一見、作業を効率的に行うために必要なスペースに思えます。けれども多くの場合は逆に作業効率を落としムダなスペースとなっていることが少なくありません。

そこで仮置き場を最小限に抑えるように工夫したいところです。そのためには入荷、入庫、格納、保管、出庫、出荷という庫内の一連の作業の流れをできる限り統合します。たとえば「大量に入荷した物品をいったん保管エリアに仮置きして、それから順次、棚入れ、格納していく」のは避けましょう。入荷と棚入れ・格納のプロセスを統合すれば仮置き場を省くことができるわけです。「検品作業が忙しいので梱包しなければならない物品はとりあえず仮置きしておく」といったことも好ましくありません。

- 保管スペース、作業スペースを十分に確保
- 作業工程の統合で効率化を実現

庫内スペースの有効活用の検討

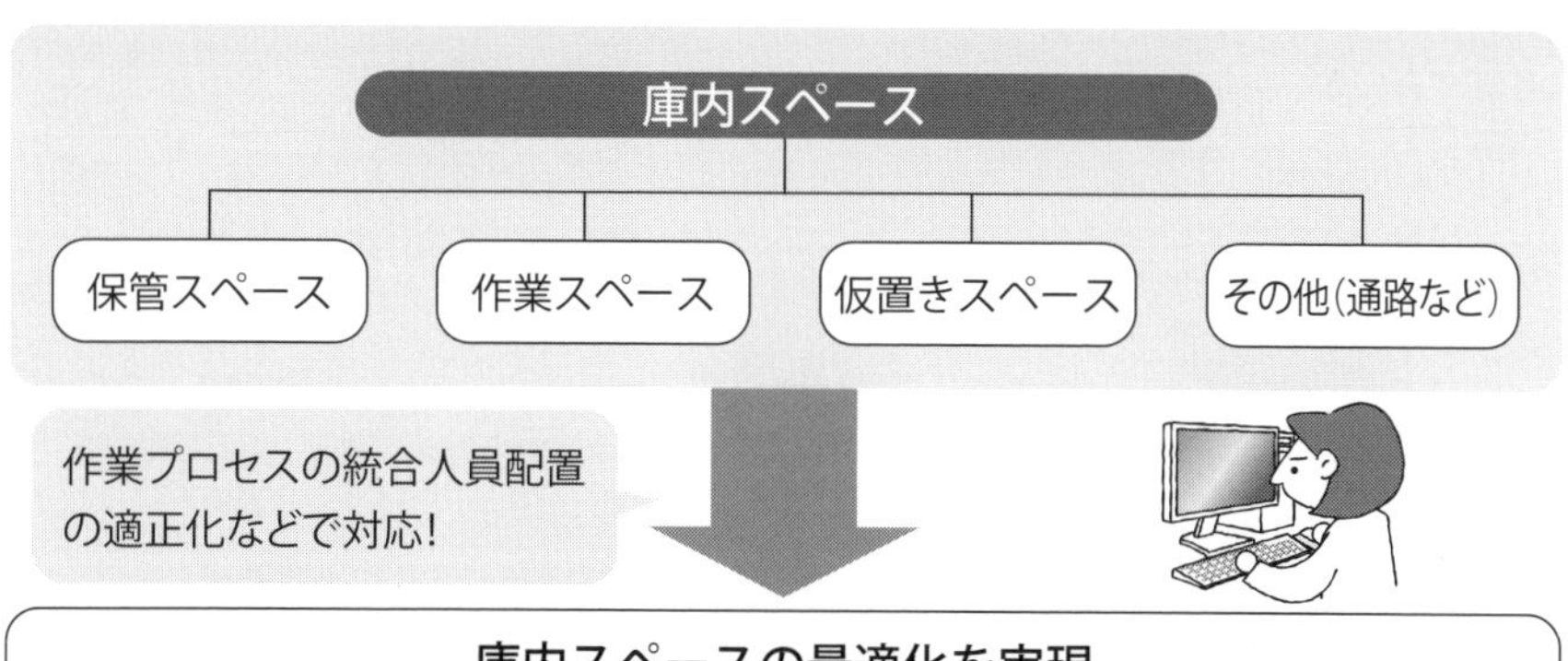

庫内スペースの最適化を実現

たとえば

庫内スペース占有比 仮置き場　35%	→	庫内スペース占有比 仮置き場　15%
仮置き場が有効に使われているか、仮置き場のはずが、不用品置き場などのデッドスペースになっていないかをチェック、検討する	→	仮置き場は庫内スペース占有比で、10～15%程度にとどめられれば、理想的。効率的なスペース活用を目指す

入荷、入庫、格納、保管、出庫、出荷という庫内の一連の作業の流れをできるかぎり統合

検品と梱包という別々の工程をまとめれば、双方の作業プロセスの間に仮置き場は不要になります。

仮置き場が庫内のスペース比率の35%に達しているならば、そのスペースを半減させることを目指すべきでしょう。

また、物流センターの運営を新規に始める場合には、仮置き場をどの程度、どこに確保することになるかを十分議論、想定したうえで、オペレーションを行うことが望ましいといえます。「その仮置き場は本当に必要なのか」ということを十分に検討したうえで、庫内レイアウトを決める必要があるといえるでしょう。

75 ワンフロアのオペレーションを可能にする自走式施設

庫内作業の流れを直線化

LEVEL ☆☆☆

従来型の日本の物流センターは多層階になっていることが少なくありませんでした。1階にトラックバースがあり、物品の入荷後に2階の保管スペースに垂直搬送するといったレイアウトになります。

しかし、入荷から入庫、棚入れ、格納・保管、出庫、出荷という一連の作業プロセスはできることならばワンフロアで行うほうが効率は上がります。そのほうがオペレーションがスムーズに進みます。平屋型施設が多層階よりも優れているといえるでしょう。けれども大都市圏では平屋型施設は地価、賃料などを考えると、ぜい沢になってしまいます。

そこで注目されるのが各階をブロックごとに独立性を持たせ、直接アクセスできるようになっている自走式物流倉庫です。

自走式施設は、各フロアにトラックバースがあるため、それぞれのフロアを平屋感覚で使うことができます。

自走式ならば、倉庫の1階部分ではなく、2階から3階のワンフロアを借りても、垂直搬送機やエレベータに頼らないオペレーションを行えるのです。もちろん荷役コストの削減なども可能になります。

さらにいえば、オペレーションをワンフロアで完結させることで、垂直搬送、エレベータなどの点検・保守コストも不要になります。エレベータ荷役につきものの、縦持ちも解消できますし、フォークリフトの台数や点検費なども削減できます。

自走式施設は、2000年代初頭に外資系不動産開発会社が相次いで建設し、それを3PL企業などが物流改善の切り札として活用したことで一気に浸透しました。現在では物流ファンド系で新設される大型施設のほとんどが自走式といっても過言ではないほどの存在にまでなりました。

- 各フロアにトラックバースを設置
- エレベータ荷役の解消を実現

自走式物流センターの活用

自走式施設の活用

各階をブロックごとに独立性を持たせ、直接アクセスできるようになっている物流施設

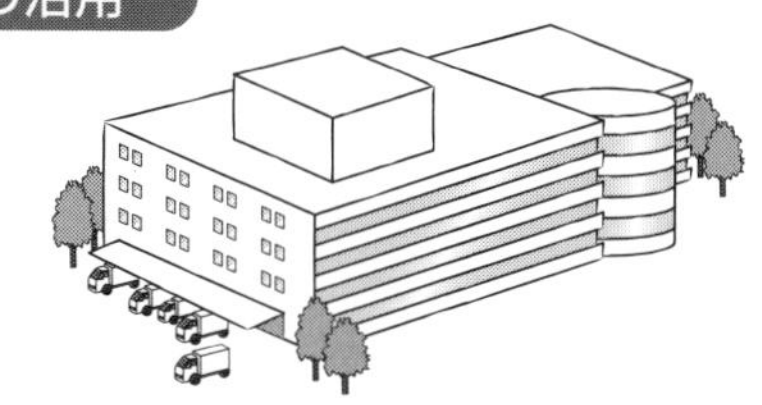

- 垂直搬送機やエレベータに頼らないオペレーションが可能
- 垂直搬送、エレベータなどの点検・保守コストが不要
- フォークリフトの台数や点検費などが削減
- 荷役コストの削減が可能
- 縦持ちのムダを解消

縦持ちの解消策

品目別の保管エリア管理

出荷頻度・出荷量に着目した保管エリア管理

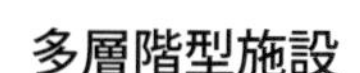

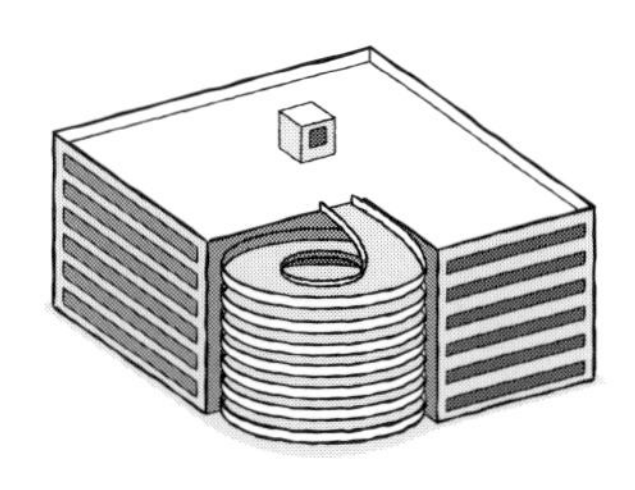

多層階型施設

トラックバースは1階のみ

自走式型施設

平屋感覚で、トラックバースが活用できて、エレベータ荷役がないのが大きな利点

トラックバースは各階にある

用語解説　**縦持ち**：工場倉庫、部品センター、物流センター内などを垂直搬送機、エレベータなどを用いて物品を移動させる作業のこと。

76 保管効率を上げる固定ラックの導入

先入れ先出し法を円滑に実現

LEVEL ☆☆

物流センターの保管レイアウトを考えるうえで重要なポイントに「荷繰りと荷探しをなくす」ということがあげられます。荷繰りとはたとえば、ある保管品を取り出す際にその保管位置の手前などにある物品を一時的に別の場所に移動させることなどを指します。意味のない仮置きのことです。

また、荷探しとはその名の通り、「荷物を探す手間」のことです。「どこに保管物があるのかわからない」という状態では入出庫処理やピッキング作業が円滑に進みません。「どこに何が保管されているかが瞬時にわかり、それをスムーズに出し入れできる」というのが最善の保管状態といえるでしょう。

たとえば段ボールで保管物を段積みしておくと、最初に定めた保管場所以外の通路などに一時的に別の保管物を置かなければならなくなります。そうなれば通常の保管品を取り出す場合には手前の通路の物品を一度、移動させる必要が出てきます。

しかし、これでは通路の物品にかかる移動時間が相当なものになってしまいます。また通路が死角になって「保管物がきちんとそこにあるか」ということがわからなくなることもあるでしょう。先入れ先出し法を励行する際にも大きな障壁となりかねません。

そこでこうした保管の非効率性を改善する対応策として、固定ラックの導入があげられます。

固定ラックを導入することによって、たんに段積みよりも保管効率を20％向上させることができます。一見、ラックに保管するのではなく高積みするほうが作業がしやすいように感じるかもしれませんが、保管スペースからの取出しや格納の時間が短縮できるということもあり、作業時間はほぼ半減すると考えられます。

●荷繰り、荷探し、高積みを解消
●物流センターの動線を意識

段積みから固定ラックへ

段積みでの保管

荷繰り、荷探しがあると作業効率が悪化！

対策

- 固定ラックの設置
- 通路への仮置きの排除
- 高積みの解消

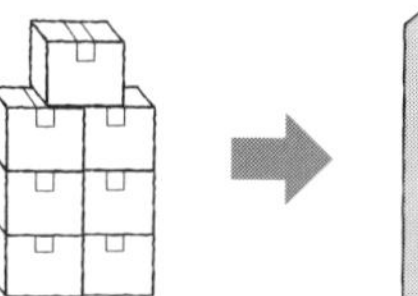

フォークリフトが通路に入ることができなくなるため、手荷役を余儀なくされ、作業効率も悪くなる

また保管スペースにあわせて自由にレイアウトをとれるネスタブルラックの導入という選択肢もある

段積みはどこにでも行うことができ、フレキシブルに保管場所を確保できるという利点もあります。しかし、段積みすることによって、下段に置いた物品から先に取り出す先入れ先出しを実践するには、まず重ねてある上段の物品を他所に仮置きし、そのうえで下段の物品を取り出すという手間が生じてきます。したがって円滑に先入れ先出しを行うことはなかなか難しいということになります。

物流センターの動線を考えながら、固定ラックをきちんと導入することで保管効率、作業効率が大きく向上するのです。

COLUMN

運行管理者（貨物）の役割

近年のトラック運送業界はドライバー不足という深刻な問題を抱えています。「若者のクルマ離れ」などがマスコミで取り上げられることも少なくありませんが、トラックドライバーについても若者の志願者が減少しています。もちろんそうなれば日本の物流網は麻痺してしまうことになりかねません。そこで業界ではトラックドライバー職が若者に敬遠される要因の１つともなる長距離輸送について、ドライバーを短い距離で交代させていく中継輸送を奨励したりしています。さらに労働条件の改善に乗り出したりすることで若者にとってドライバー職を魅力あるものにするように努めています。

また、労働環境・労働基準の整備や運行の安全確保にも力を入れるようになってきました。

そしてその流れのなかで近年、注目が集まっているのが運行管理業務です。運行管理は国土交通大臣指定試験機関の行う運行管理者試験に合格し、安全輸送の責任者として自動車運送事業者の選任を受けた者などが行います。貨物自動車運送事業法などに基づいて、事業用自動車のトラック運転者の乗務割の作成、点呼による乗務員の疲労・健康状態などの把握、道路状況、天候状況などをふまえての安全運行の指示などが主たる職務なります。トラック運送会社の営業所などには車両数に応じた運行管理者数の設置を義務づけています。

現代物流では、物流センター間を結ぶ輸送の役割はきわめて大きいといえるでしょう。運行管理はその輸送領域の中核的な業務であり、企業経営における物流の立ち位置が重要性を高めれば高めるほど、「運行管理業務の果たす役割も大きな注目を集めることになる」といえましょう。

輸送領域において
中核的な業務

第9章

これからの物流センター

77 ますます高度化する物流センター

東京ドーム4個分の面積でオペレーションを展開！

LEVEL ☆☆☆

伝統的な保管を主機能とした倉庫から、サプライチェーンの指令塔としての物流センターの進化が進んでいますが、今後、この進化はさらに加速するとみられています。

まず物流センターの延床面積を考えると、かつては3000㎡あれば大型倉庫といわれていたのが、自走式センターが登場する時代になると、マルチテナント型で5万㎡というのが標準的なスペックとなりました。しかし物流センターの巨大化はさらに続き、たとえばヤマト運輸が建設した「羽田クロノゲート」やアマゾン・ロジスティクスが稼働させているアマゾン小田原FC（フルフィルメントセンター）」は約20万㎡（東京ドーム4個分）もあります。

さらにいえば物流センター内の作業システムも進化しています。今後、多くの物流センターでAI（人工知能）を取り入れた自働化・無人化が進むといわれています。アマゾンのフルフィルメントセンターでは、すでに自動運搬ロボットKiva Systemsが稼働しています。

また、アスクルは「物流センター業務でもっとも手間がかかる」とされるピッキングについて、ピッキングロボットを導入し、在庫ロットやロケーションの自由度を向上させ、在庫効率と作業生産性などが従来の約3倍に改善しました。さらには日立製作所のAI技術を活用して、ビッグデータを利用しての配送部門での効率化にも乗り出しています。

トラックドライバー不足が深刻化するなか、無人配送車（AGV）の進化に対する関心も高まっています。ドローンの管理をAIが行い、配送計画を物流センターの出荷情報や在庫情報と綿密にリンクさせる方向に動き出しています。

- 進む物流センターの自働化・無人化
- AIやビッグデータとの連携で進化が加速

最先端の現代物流センターと配送システム

大型化

ますます大型化する物流センター

ヤマト運輸
羽田クロノゲート

アマゾン小田原FC

ドローン（無人配送機）と自動運転

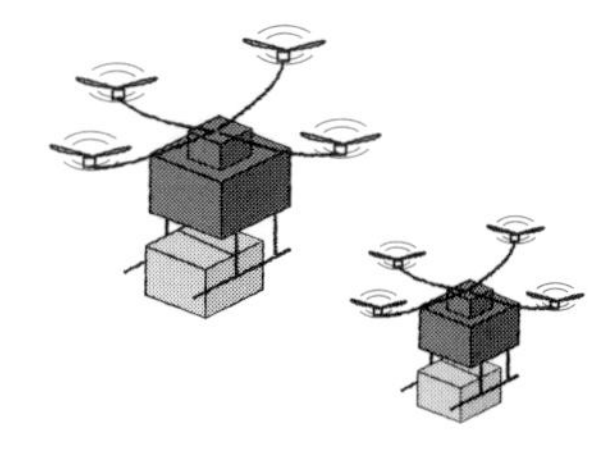

ドローンによる無人配送

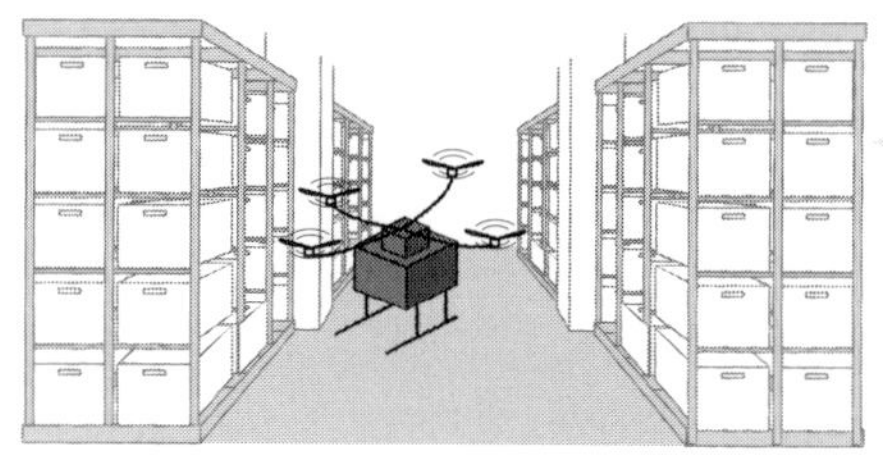

ドローンによる庫内検品

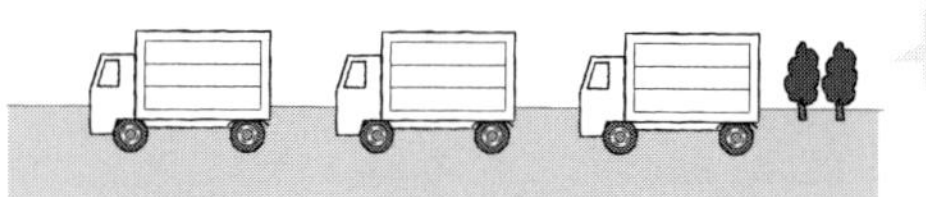

トラックの隊列型自動（無人）運転

78 パレット荷役の高度化で効率を上げる

レンタルパレットシステムを強化

LEVEL ☆☆☆

物流センターにおけるパレットの役割は今後のAI化、無人化、自動化などの流れが加速すればするほど、その重要性を高めていくことでしょう。たとえば無人搬送車などを活用するには情報で紐付けされたパレットの導入が不可欠となるのです。

実際、段ボールをパレットの上に積んで、物流センターの保管やトラックへの積載に活用することで荷役効率を大幅に向上できます。

さらに近年はレンタルパレットにRFID（ICタグ）を付けて、貨物情報とパレットの紐付けが行われるようになっています。

「レンタルパレットにRFIDタグを付けることでパレットの紛失を防止できる」というのが当初の目的でした。しかし、実際に紐付けが行われてみると、ビッグデータやIoTとのリンクなど、さまざまなプラスの副産物が出てくることがわかりました。

たとえば工場でバラ検品を行ったあとに段ボールなどに梱包し、パレット単位で出荷すれば、段ボールを開梱しないかぎり、フォークリフト荷役を行い、検品レスで物流センターから小売店舗まで配送することが可能になります。しかもパレット単位で出荷ロットや到着日時などの必要情報が管理できるわけです。そうして得られるビッグデータをAI技術で分析することでより緻密な物流システムを構築できることになります。

これまで「たしかにパレット荷役は作業効率を向上させるけれども、積載率や保管効率が下がってしまう」ということで導入に後ろ向きの業界もありました。しかし、AI時代には貨物情報がRFIDで紐付けされたパレット単位で逐一管理できるということのメリットは計り知れないわけです。

●無人化・自動化の推進で荷役効率を向上
●レンタルパレットの導入でコスト削減

進む物流荷役の自動化・無人化

自動化・無人化が進む物流センター

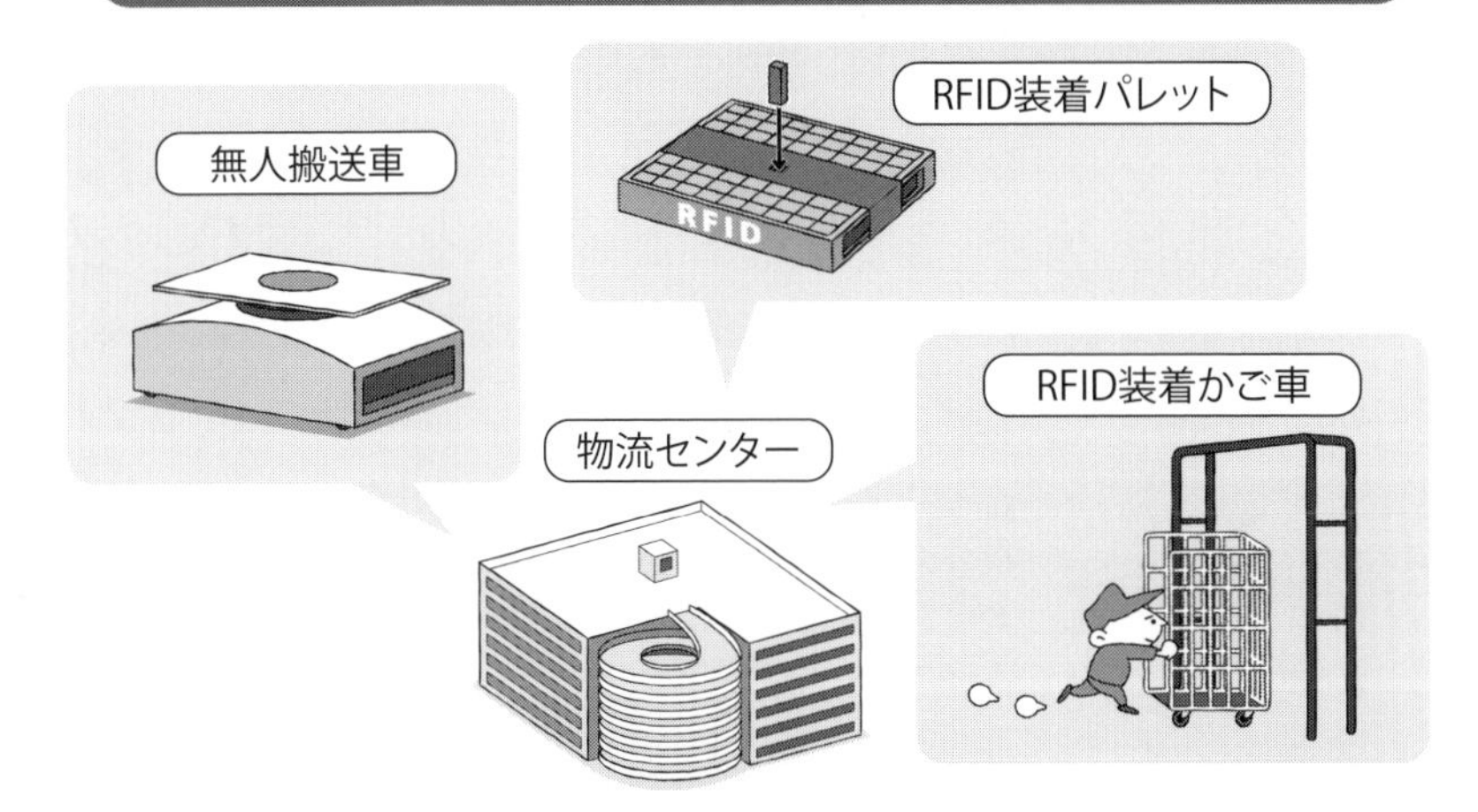

RFID装着のレンタルパレットシステムのイメージ

工場の出荷からメーカー、卸売業などの物流センターへの入荷、
保管までのパレットの情報を管理

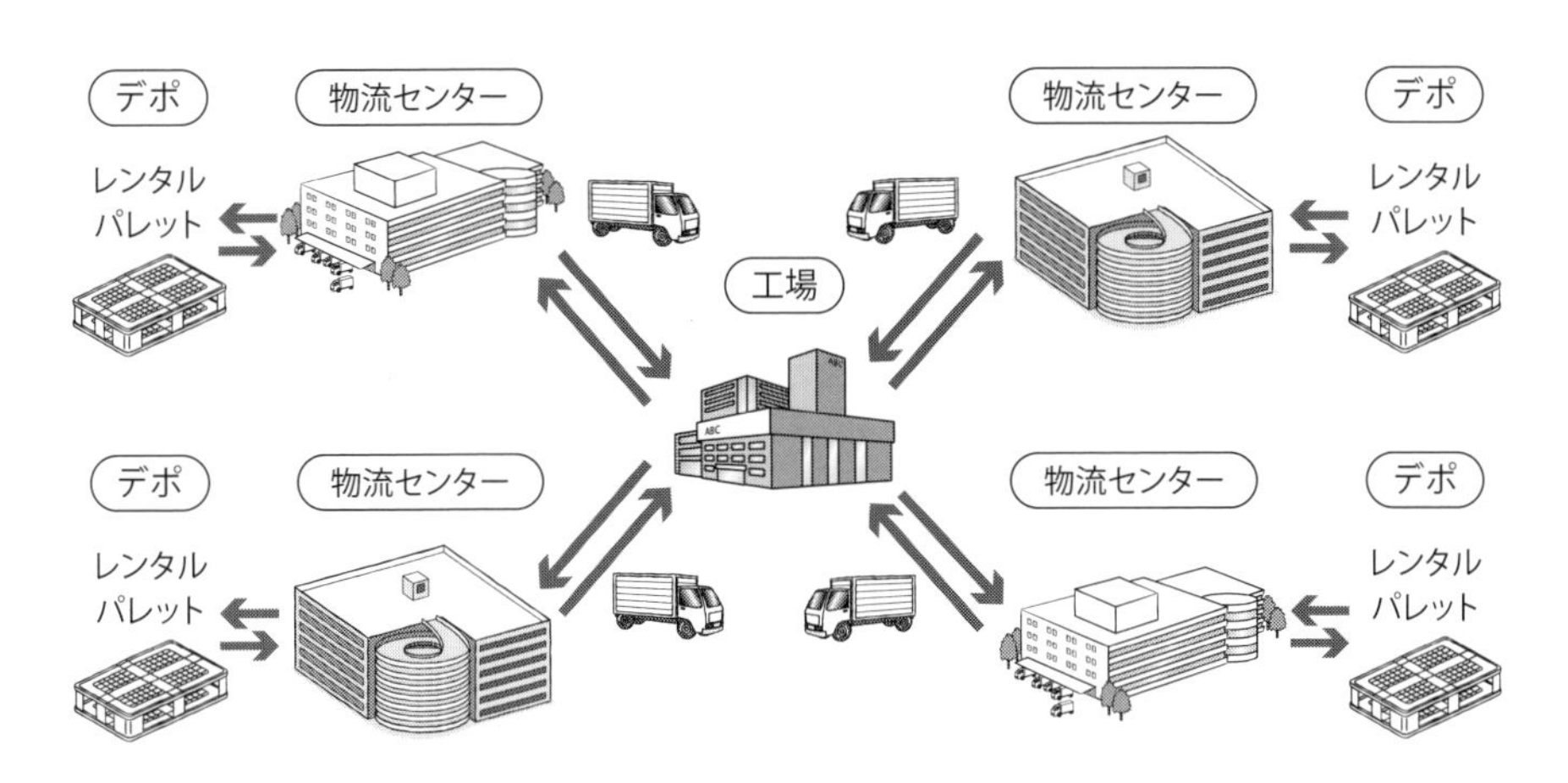

出典：ユーピーアール（株）のホームページを参考に作成

79 静脈物流機能の強化を推進

リバースロジスティクスネットワークを構築

LEVEL ☆☆

物流センター内にリサイクル機能を持たせる動きが大きくなってきています。

敷地内などに産業廃棄物の処理システムを導入することで使用済みの段ボール、梱包材、パレットなどを効率的に再資源化することが可能になります。使用済みの段ボールや梱包材などを買い取ってもらい再生利用するのです。段ボールなどはきちんと分別して圧縮減容機で圧縮梱包することで有価物として売却することが可能になります。

また、梱包材などに使われる発砲スチロールについては電熱で溶解減容することで有価物として売ることができるようになります。

プラスチック製パレットのレンタルシステムの構築に加え、木製パレットについては木材破砕機などを用いての燃料チップなどの再資源化が容易になっています。

ただし、産業廃棄物の処理には委託事業者との契約書、マニフェストなどが必要になります。

なお、物流改善などを徹底して行うことで、段ボールなどの包装材や梱包材を少量化することも可能です。もちろん通い箱などの物流関連ツールを工夫することでも、段ボールの使用量を削減できます。

また、エコタウン事業と静脈物流施設のリンクも重要です。エコタウンとは、地域全体がゼロエミッションを目指す循環型都市のことです。エコタウンではリサイクル施設などの集積が行われます。使用済みのペットボトル、家電などのリサイクル工場を集中させ、静脈物流ネットワークの効率化を促進していきます。またリサイクル事業者、解体事業者などを集めた「リサイクル団地」などを活用し、中古製品市場の活性化、業界の高度化なども進めます。

POINT

- パレットなどの再資源化を促進
- エコタウン事業と静脈物流施設をリンク

物流系産業廃棄物の処理

産業廃棄物の処理システムの導入

使用済みの段ボールや梱包材などを買い取ってもらい再生利用

使用済みの段ボール、梱包材、パレットなどを効率的に再資源化することが可能

たとえば…

梱包材（発泡スチロールなど）

電熱で溶解減容することで有価物として売却することが可能

段ボールなど

きちんと分別して圧縮減容機で圧縮梱包することで有価物として売却することが可能

物流改善の徹底による廃棄物削減

物流センターなどの現場改善の徹底

5Sの導入
「見える化」の徹底
現場力の強化
在庫削減

廃棄物総量の減少
静脈物流の軽量化・高度化

80 重視される物流センターにおける顧客サービス

LEVEL ☆

物流クレーム率のさらなる低減が目標

物流センターでは直接、接客をすることはほとんどないので、これまでは顧客サービスの充実を図るという視点が欠けている面もありました。しかし、近年は顧客サービスの向上を物流センターの視点から推進するという流れも出てきています。

たとえば、物流の安全・信用面を考えると、物流クレーム率を理想的には0%、現実的には0・005%以下に抑える努力が求められます。物流クレーム率が0・05%以上もあるようならば、危機感を持って対策に取り組まなければなりません。

さらに「完全注文達成率」も重視されます。これは、欧米では顧客満足の視点から物流サービスを考えるうえできわめて重要な指標として認識されてきています。「完全注文」とは、顧客サイドから見た受注から納品までの一連のプロセスが何のミスもなく処理されることで、その達成率を「完全注文達成率」(POP：パーフェクト・オーダー・パーセンテージ)といいます。

一連の流れのなかで、受注ミス、欠品、納品伝票ミス、誤出荷、請求書ミス、請求遅延などが発生すれば、「顧客が満足する形で注文が達成されたとは考えない」というものです。

完全注文のプロセスを確認すると、まず受注についてミスやエラーが発生しないようにします。受注ミスが発生すれば、それが原因で出荷すべき商品が未出荷となり、顧客の手元に発注品は届きません。受注をきちんとこなしたならば、欠品の有無が確認されなければなりません。ここで受注した商品に欠品が発生しては、完全注文は達成されません。高頻度出荷商品を中心に欠品の有無を常にしっかり確認し、欠品率をゼロに抑えておく必要があるのです。

- 完全注文達成率の向上を推進
- 受注から納品までのプロセスをミスなく管理

物流クレーム率とは

物流クレーム率(%)＝物流クレーム件数÷年間総出荷件数×100

数値判定の目安

物流クレーム率		
	0〜0.005%	合格レベル
	0.005〜0.05%	改善の余地あり
	0.05%以上	早急に改善の必要あり

＊判定の数値は製品特性、物流特性により異なる

物流についてクレームが発生した場合、すみやかに荷主、あるいは顧客などに謝罪するとともに、2度と同じミスが発生しないように「どうしてミスが起きたのか」を調査し、対策を立てなければならない

完全注文達成率とは

完全注文達成率(%)＝完全注文件数÷全注文数×100

完全注文達成率

一連の物流プロセスの流れのなかで、受注ミス、欠品、納品伝票ミス、誤出荷、請求書ミス、請求遅延などが発生しない注文件数のこと

欧米では顧客満足の視点から物流サービスを考えるうえで、きわめて重要な指標として認識されてきている

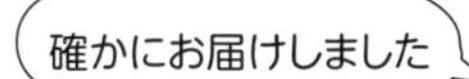

81 物流センターの従業員満足を高める環境作り

更衣室やシャワールームを充実

LEVEL ☆☆☆

従業員の満足度を高めることは近年の物流センター運営ではますます重要になってきています。というのは、従業員の質が以前とは大きく変化しつつあるからです。少子高齢化の進行で、従業員の年齢は高齢化し、同時に人手不足も進んでいます。

そうした状況を受けて、これまで以上に女性や外国人労働者が物流センター業務の現場でも戦力として期待されるようになりました。

しかし、それは同時にこれまでとは違うタイプの従業員が増えるということになり、物流センターの運営サイドもそれにあわせた対応が求められるようになりました。

たとえば、女性従業員が増えれば、女子更衣室やシャワールームなどが新たに必要になります。トイレなどについても清潔感の高い環境が求められます。

外国人労働者が増えると、日本とは異なる海外の習慣にも対応した職場環境が必要になります。食堂や団らんルーム、さらにはジムなどの娯楽施設を併設する必要が出てくるケースもあります。

また、主婦などのパート、アルバイトが増えれば、託児所、保育園を物流センターに併設することで、女性が安心して働ける職場環境の構築が必要になります。さらにいえば、物流センター内、あるいは近隣にコンビニなどがないと、不便を感じる人も多いことでしょう。従業員が働きやすい環境に改善していく努力もこれからの物流センターにとっては必要になるわけです。

パート、アルバイトが長く働いてくれれば、ピッキング、値付けなどの作業者のレベルも向上し、さらに高度なスキルを修得するチャンスも提供しやすくなります。

POINT
- 少子高齢化とグローバル化に対応
- 高度なスキル修得の機会を提供

従業員が働きやすい職場

現代的な先進物流センター

少子高齢化、グローバル化の背景

アメニティ施設の充実を重視！

更衣室、トイレ、シャワールーム、談話室、食堂、託児所などの充実

従業員満足のメリット

従業員の満足度を高める

離職率が低下する

不必要な求人募集、新規採用を行う必要がなくなる

- 求人募集コストの削減
- 従業員の新人研修などのコストの削減
- 従業員の物流スキルが向上することにより物流コストが低減

従業員の定着により、職場の団結力が強まり、技能スキルなどが向上し、仕事にプライドを持てる、レベルの高い物流技能集団となる

82 安心安全な物流センター運営

ヒューマンフレンドリーロジスティクスに対応

LEVEL ☆☆

米国では「ヒューマンフレンドリーロジスティクス」（人にやさしいロジスティクス）、あるいは「コミュニティフレンドリーロジスティクス」（地域にやさしいロジスティクス）という考え方を提唱している物流学者もいます。これからの物流センターでは作業環境を快適にしていく努力が求められるようになるでしょう。たとえば、腰の負担を少なくした庫内レイアウトなど、負担の少ない作業環境を創出していく努力が必要になっているわけです。

物流業における死亡者は全産業の17％強を占めています。建設業、製造業に次いで死亡者が多い産業となっています。この点をふまえ、十分な安全管理が行われなければなりません。

フォークリフトやクレーン、昇降リフトなどの操作ミス、転落、転倒などによる物流センター内の死亡事故が報告されています。荷物運搬用の昇降リフトで商品を運んでいる途中に挟まれて死亡するといった事故例も見られます。

事故を防ぐためには従業員の作業熟練度を高める必要があります。同時に安全に対する意識を高める教育、研修、訓練を繰り返し、組織的に行わなければなりません。安全管理者が不安全であると判断したら作業はすぐさま停止するべきです。不安全と認識しながらも作業を継続することは絶対に避けましょう。危険物、高熱物などを取り扱う作業や高所での手作業はできるだけ避け、合理化できるかどうかを検討しましょう。

また、標準作業を設定し、無理で不安全な作業を行わないことを徹底します。作業手順書を作成する必要もあります。

「作業の目的がムリ、ムダなくスムーズに達成されているか」ということに常に注意していなければ

- 無理で不安全な作業を回避
- 従業員の作業熟練度の向上を推進

物流センターにおける安全管理の重視

物流現場での事故

トラック、トレーラーによる交通事故、フォークリフトやクレーン、昇降リフトなどの操作ミス、転落、転倒などによる物流センター内の事故、荷物運搬用の昇降リフトでの事故など

従業員の作業熟練度アップ
安全教育、安全訓練の徹底
庫内作業の合理化、標準化
作業・業務手順書の作成
特別訓練・定期点検の実施

十分な休息、しっかりした健康管理体制、手荷役の負担軽減、マテハン機器の導入などが必要！

なりません。作業量が多くなりすぎたり、一度に能力、許容量以上のものを取り扱ったりするのも事故の原因となります。十分な作業者数を確保し、各人の負担を最小限にしていくことが大切です。労働時間にも十分配慮し、休憩時間をきちんととれるようにしましょう。

　また、情報システムの導入もヒューマンフレンドリーロジスティクスにつながります。たとえば、WMSを導入し、バーコード検品などを行うことで、それまでの目視や2人1組での作業でかかった現場の負担が軽減され、作業者の精神的、肉体的疲労も少なくなります。残業なども減少することになります。

83 荷主視点のロジスティクス管理を実現

荷主企業と物流事業者のコミュニケーションを充実

LEVEL ☆☆

3PLの普及により物流センターの運営は荷主企業から物流企業に任されるようになりました。

「しかしながら、荷主企業がまったく物流センターの運営状況を知らないというのは、それはそれで不都合がある」という声も小さくありません。

実際、物流センターにまったく担当者が顔を出さない荷主企業よりも、可能な限り顔を出すように努めている荷主企業のほうが、3PL企業とうまくやっていくことができるという意見もあります。

荷主企業が3PLの委託先を決める場合、物流コンペが行われることが多々あります。複数の物流企業の提案を公平に比較検討して業務委託企業を決定する場合、企画書、コスト分析・料金設定、マスタープラン、ロードマップ、コストなどの作成を入念に行います。シナリオプランニングを行い、できるだけ具体的に改善策などの狙いを明確化するようにします。

しかし、物流コンペを適切に行うには荷主企業の物流担当者に物流改善の方向性を判断する確かな目が必要になります。たとえば荷主企業が3PL企業の実力を過度に評価した場合、中核業務までをアウトソーシングする可能性が出てきます。

3PL事業者の視点から考えると、能力以上の業務を受託することは大きなリスクを負うことになるといえます。自社でやるべき業務、できる業務が何なのかを十分に考慮する必要があります。

最適な3PL企業を選定するためには、物流業務の改善提案依頼書を作成し、リストアップした物流企業に改善案のプレゼンテーションを行ってもらい、そのなかから最適な企業を探す物流コンペを行う必要があるのです。荷主企業も物流管理についての哲学が要求されるわけです。

- 最適な3PL企業を選定
- 物流改善の方向性を的確に判断

物流コンペと3PLの導入

荷主企業が複数の物流企業（3PL企業）に提案依頼書を作成し、入札を行い、そのうえで3PLを導入するなど、具体的な物流業務・戦略を委託する

物流コンペの実施

提案依頼書

複数回の審査ののち、委託物流企業を決定！

企業概要、取扱製品の詳細、物流業務委託の対象範囲、契約期間などについて3PL企業に示す

国土交通省の3PLガイドライン

荷主が対処・協力すべき項目：荷主の方針（物流目標、施策、拠点閉鎖・移転など）の物流事業者への提示、委託物品内容（商品、荷姿、届け先情報など）の物流事業者への提示、物流改善に関わる荷主側業務の改善の推進、物流事業者が当該業務を履行するために必要な荷主の記録及びその開示時期ならびに取得方法の提示など

3PLに必要な人材と調達・育成方法

	役割・求められる能力
チームリーダー 提案営業責任者	・プロジェクトの企画・立案 ・プロジェクト全体の統括ならびに関連する部門・機能の調整 ・顧客企業の物流診断・物流コスト分析 ・顧客企業に対する提案営業
オペレーションの 管理運営責任者	・現場における効率的なオペレーションの実施 ・オペレーションに必要となる作業戦力の調達 ・現場のオペレーションを踏まえての改善提案
現場の作業戦力	・倉庫・センター内作業→倉庫・センター内作業員 ・輸配送業務→トラックドライバー

中小事業者では、同じ人間が兼ねる場合も

出典：「日本における３ＰＬビジネスの育成に関する調査　概要版」国土交通省総合政策局貨物流通施設課／複合貨物流通課、2004年

84 高度なスキルとリーダーシップが必要な物流センター長

経営的な視点から物流戦略を策定

LEVEL ☆☆

物流センターの機能が高度化し、拡充され、企業活動における役割がこれまで以上に重要視されるなかで、物流センターの責任者についても、非常に高度なスキルやリーダーシップが求められる時代となりつつあります。

大規模な物流センターには50～200名、あるいはそれ以上のパート、アルバイト、正社員などの従業員がいます。物流センター長は組織全体の責任者であり統括者です。

ちなみに近年、欧米ではCLO（ロジスティクス最高統括責任者）が業界の注目を集めています。CLOとは「物流に関するマネジメント一般、ロジスティクスの戦略立案、リーダーシップなどを大局的な視野から統括する責任者」のことです。物流の現場の担当者ではなく、経営的な視点から物流戦略全般についての意思決定のできる執行役員クラスのポストです。米国では大学院のMBA（経営学修士）コースのサブカリキュラムなどにCLOコースが置かれています。ロジスティクスやSCMのノウハウを経営学的視点から修得できるようになっています。

欧米や物流先進国のシンガポールなどでは、企業幹部には全社規模でのロジスティクス戦略を構築する思考回路が強く求められています。

そして同様に現場の最高責任者である物流センター長についても、執行役員と同等に評価し、全社的なロジスティクス戦略の策定についても発言、提案をしてもらいたいと考える企業が増えています。

在庫戦略、リードタイム戦略などでは責任の所在をはっきりさせることが重要といわれています。物流センター長の権限、発言力を強化し、相応の責任も背負ってもらうことが必要です。

- 物流センター長の権限と発言力を強化
- 全社的なロジスティクス戦略を策定

これからの物流センター長の役割

現場起点の物流改革

トップマネジメントからでは
物流現場が見えない！

現場の発想、アイデアを経営に反映

役員レベルの物流センター長

企業経営の視点と物流現場の視点の融和

- 包括的、総合的な物流教育の社内実践と研修体制の強化
- 最新鋭の物流施設・物流機器、情報システムの導入
- 3PLなどの外部委託・アライアンス（戦略的提携）、共同物流などの推進
- 物流センター間の情報の共有／各現場の工夫・発想を共有

物流センター長の権限、発言力を強化し、
相応の責任も背負ってもらうことが必要！

この物品の在庫は…

85 サプライチェーンの骨格を理解できる物流センター見学

ロジスティクスの基本構造を理解

LEVEL ☆☆

「工場見学なら小学生のときに行ったことはあるけれども、物流見学というのはなかった」。年配の方ならこのようにいわれるかもしれません。しかし、近年は小学生の物流センター見学も決して珍しくありません。国内から工場が海外移転した現状では、物流センター見学というのは、モノの流れを実際に目で確認できる得難い現場ということになります。小学生はもとより、学生、社会人の方々でも物流センター見学に出かける機会は多くなっているはずです。

ただし、物流センターは企業秘密の宝庫でもあるので関係者以外立ち入り禁止となっているか、同業者見学お断りとなっていることが少なくありません。また多くのセンターでは写真撮影、ビデオ撮影などが禁止されています。在庫品の商品名などが映ると、荷主企業や取引先企業が迷惑することがあるからです。またセンター運営サイドの物流企業が独自に工夫した改善点がライバルの物流企業などに漏れるのを警戒しているケースもあります。

物流センター見学の場合、所属、氏名、目的などを書いて、見学先に提出し、許可をもらうというパターンが多いようです。海外などの場合は履歴書を提出することもあります。他方、物流センター側では見学の動線をあらかじめ、決めているところもあります。これは見学されても差しさわりのないルートで、作業に支障のない動線を見学者に歩いてもらおうという発想からのものです。

「物流センターを見れば、その企業の現状と将来性がわかる」といわれるくらいに、センターの優劣と企業経営は密接な関係があります。物流センターのなかに企業発展のすべての鍵が隠されているといっても過言ではないかもしれません。

- 企業発展の鍵を理解
- 作業とモノの流れを実際に確認

物流センター見学のポイント

事前に業界研究を行う	自分の取り扱う物品とは異なる分野の物流センターを見るときには、当該業界について予備知識を入れておこう
見学にあたってのポイントを整理する	物流センターを漠然と見るのではなく、たとえば「新しく導入したといわれる情報システムやマテハン機器がどのように使われているか知りたい」「5Sを実践しているならばその具体的な取り組みの現場を見学してみたい」など、ポイントを整理し、見学の目的をはっきりさせておこう
見学後の復習も忘れずに！	見学中にはメモをとり、その詳細については、見学後、忘れないうちにまとめておくようにしよう
写真撮影などは必ず許可をとろう！	物流センターは企業情報の集約ポイントでもある。無許可の写真撮影がトラブルにつながることもある。写真を撮る場合は必ず見学先責任者の許可をとるようにしよう
名刺を必ず持参し、見学後は必ず手紙、メールなどで感謝の意を伝えよう	見学受け入れ側はどのような立場の人がどのような動機で見学に来たかを知りたいものである。名刺を必ず持参し、自分が見学に来た目的を伝えよう。またお礼の手紙、メールも欠かさないようにしよう

重要性を増す、物流センターの見学

物流センター見学

ロジスティクスの司令塔を理解！

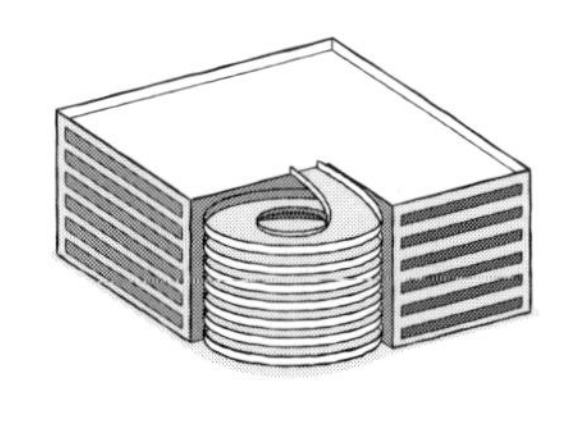

COLUMN

在庫圧縮を定期的に検討

物流センターのなかには、廃棄処分の時期を逸した不良在庫が相当量、存在することがあります。

不良在庫とは、不良品、破損品、スクラップなどの総称です。また、生産計画や販売計画が急に変更されたために長期間、保管されている物品も不良在庫と考えてよいでしょう。

不良在庫をいつまでも抱えていてもなんのメリットもありません。保管スペースを不良在庫が占領すれば、適切な在庫管理は不可能になります。

したがって不良在庫は一刻も早く、処分する必要があります。ABC分析や在庫回転率などの物流KPI（物流管理評価指標）をふまえた撤退的なルールを定めて廃棄処分・廃番処理を行う必要があります。

不良在庫を放置しておく場合、その賃料、すなわち保管コストはかなりの負担になります。1～2年以上も荷動きがまったくない長期保管品を相当量抱えているというケースも少なくありません。

一例ですが、1万ケース、200パレット程度の不良在庫が発生しているならば、150㎡くらいのスペースロスが生じていることが懸念されます。

またスペースロスだけでなく、「いつまでも部品、製品などが庫内に眠っていてはキャッシュフローが悪化し、経営を圧迫することになりかねない」とも考えられます。不良在庫を長期間、放置しておけば「棚卸資産の増加で間接的な税負担が増える」ということにもなります。

もっとも廃棄処分を増やせば、「そんなに不良在庫があったのか」という社内的な批判を浴びるかもしれません。廃棄処分が先送りされる理由の一つにこうした社内の他部署などの目を気にするということもあげられます。しかし不良在庫の処分を先送りすれば、傷口はさらに膨らむことになってしまいます。不良在庫の処分は決して先送りしてはいけません。可能な限り、迅速に対応したいものです。

【主要参考文献】

『絵解きすぐわかる物流のしくみ』鈴木邦成著、日刊工業新聞社、2006年

『絵解きすぐわかる産業廃棄物処理と静脈物流』鈴木邦成著、日刊工業新聞社、2009年

『これからは倉庫で儲ける!!物流不動産ビジネスのすすめ』大谷巌一著、日刊工業新聞社、2012年

『お金をかけずにすぐできる事例に学ぶ物流現場改善』鈴木邦成著、日刊工業新聞社、2017年

『図解　よくわかるこれからの物流』河西健次、津久井英喜著、同文館出版、2003年

『サプライ・チェインの設計と管理』D・スミチ・レビ、P・カミンスキ、E・スミチ・レビ著、久保幹雄監修、朝倉書店、2002年

『図解　すぐ役に立つ物流の実務』鈴木邦成著、日刊工業新聞社、2011年

『セブン‐イレブンの「物流」研究』信田洋二著、商業界、2013年

『戦略ウエアハウスのキーワード』鈴木邦成著、ファラオ企画、2004年

『物流管理ハンドブック』湯浅和夫著、PHP研究所、2003年

『物流管理指標の総合体系』唐澤豊著、日本能率協会マネジメントセンター、1987年

『コストダウンのための物流センターの採算とコスト計算』河西健次著、日本物的流通協会、1988年

『物流・配送センター』佐藤良明著、日刊工業新聞社、1993年

『倉庫概論』市来清也著、成山堂書店、1995年

『倉庫業実務必携』倉庫法令研究会監修、ぎょうせい、2006年

『新訂倉庫業のABC』加藤書久著、成山堂書店、2002年

『多層階工場レイアウト入門』藤川裕晃著、工業調査会、2005年

『手にとるように物流がわかる本』湯浅和夫著、かんき出版、2007年

『低温物流の実務マニュアル指針』野口英雄著、俵信彦監修、プロスパー企画、2004年

『トコトンやさしいSCMの本 第2版』鈴木邦成著、日刊工業新聞社、2014年

『配送センターシステム』鈴木震著、成山堂書店、1997年

『ビジュアル図解　物流センターのしくみ』田中彰夫著、臼井秀彰編著、同文館出版、2011年

『冷蔵倉庫』日本冷凍協会、日本冷凍空調学会、1989年

【著者プロフィール】

鈴木　邦成（すずき　くにのり）

物流エコノミスト、日本大学教授（在庫・物流管理、販売流通管理などを担当）。一般社団法人日本SCM協会理事、一般社団法人日本ロジスティクスシステム学会理事、日本卸売学会理事。専門は物流およびロジスティクス工学。

主な著書に『トコトンやさしい小売・流通の本』、『お金をかけずにすぐできる事例に学ぶ物流現場改善』（以上、日刊工業新聞社）をはじめ、『運行管理者（貨物）必携ポケットブック』（日刊工業新聞社）、『すぐわかる物流不動産』（白桃書房）、『物流コストの計数管理/KPI管理ポケットブック』、『トコトンやさしい物流の本』、『物流・流通の実務に役立つ計数管理／KPI管理ポケットブック』、『新・物流マンポケットブック』、『アジア物流と貿易の実務』、『図解 すぐ役に立つ物流の実務』、『国際物流のしくみと貿易の実務』、『図解 物流の最新常識』、『トコトンやさしいSCMの本 第2版』、『絵解きすぐできる物流コスト削減』、『絵解きすぐわかる産業廃棄物処理と静脈物流』（以上、日刊工業新聞社）などがある。物流・ロジスティクス・SCM関連の学術論文、雑誌寄稿なども多数。

図解　物流センターのしくみと実務 第2版 NDC336

2014年3月25日　初版1刷発行
2018年1月25日　第2版1刷発行
（定価はカバーに表示してあります）

©著　者　鈴木　邦成
発行者　井水　治博
発行所　日刊工業新聞社
〒103-8548　東京都中央区日本橋小網町14-1
電　話　書籍編集部　03-5644-7490
販売・管理部　03-5644-7410
F A X　03-5644-7400
振替口座　00190-2-186076
U R L　http://pub.nikkan.co.jp/
e-mail　info@media.nikkan.co.jp
印刷・製本――新日本印刷（株）

落丁・乱丁本はお取り替えいたします。
2018 Printed in Japan
ISBN 978-4-526-07796-8